Mohsen Charifi

Ein Tag mit der Liebe

Mohsen Charifi

Ein Tag
mit der
Liebe

WINDPFERD

2. Auflage 2012
© 2012 Windpferd Verlagsgesellschaft mbH, Oberstdorf
Alle Rechte vorbehalten
Umschlaggestaltung: bitdifferent
unter Verwendung folgender Elemente: Wolkenmuster: © John Rawsterne,
www.patternhead.com · Blumen-Vektoren: © Pavel Kniazev/123rf.com
und © Aleksey Telnov/123rf.com
Satz und Layout: Marx Grafik & ArtWork
Lektorat: Sylvia Luetjohann
Gesetzt aus der Warnock
Druck: Himmer AG, Augsburg

Printed in Germany
ISBN 978-3-86410-030-7
www.windpferd.de

Inhalt

Begegnung	11
Spielzeuge der Verliebtheit	19
Ewige Geburtswehen	31
Sklaventreiber	39
Das Geheimnis hinter einem Stuhl	45
Die Geburt der Macht	57
Vom Brauchen und Lieben	65
Vom guten und schlechten Brauchen	85
Der Reiter	103
Versteinerte Erinnerung	115
Minutenwahrheit	123
Der wunde Punkt	135
Süßes Gift	149
Von Schwere und Leichtigkeit	161
Vertreibung aus dem Paradies	181
Übergang	191
Polarstern	207

Liebe Bettina,

ich wusste schon immer,
dass es den Polarstern gibt,
aber Du hast die Sehnsucht
in mir geweckt, ihn zu suchen.

*Erst wenn man an seine Grenzen stößt,
hat man die Chance, seine Grenzen zu
überwinden. Dieses Buch erreicht eine Tiefe,
die über den Alltag und alltägliche Begriffe
hinausgeht. Dies könnte vielleicht eine Grenze
darstellen.
Es ist Ihre Wahl und Ihre Entscheidung,
ob Sie darin eine Barriere
oder eine Herausforderung sehen möchten.*

Begegnung

Nach einem abenteuerlichen Weg durch eine Landschaft voller Schönheiten und Abgründe begegnete sie einem alten Mann, der auf einer sattgrünen Wiese unter dem Schatten eines Baumes saß und gelassen die Landschaft genoss.

Sie blieb stehen und fragte den alten Mann ungeduldig: „Wo führt dieser Weg hin?"

Der alte Mann hob langsam seinen Kopf und schaute das junge Mädchen, das einen auffällig großen Rucksack bei sich trug, eine Weile lächelnd an. Dann sagte er mit ruhiger und warmer Stimme:

„Wie du siehst, führt dieser Weg zu mir."

Das junge Mädchen wunderte sich über die seltsame Antwort des alten Mannes und erwiderte:

„Aber wer bist du überhaupt?"

„Ich bin die Liebe."

„Du, du alter Greis, du bist die Liebe? Ich kann es kaum glauben. Ich habe so viel von dir gehört, aber ich hatte mir dich ganz anders vorgestellt. Eigentlich suchte ich ja das Glück, denn das Glück ist das Höchste und das Schönste, das ich mir vorstellen kann. Deshalb sucht auch jeder das Glück. Möglicherweise habe ich mich auf dem Weg zum Glück verlaufen und bin dir, der Liebe, begegnet. Vielleicht hat das ja auch seinen Sinn. Wie auch immer. Ich habe gehört, du wärest die Antwort auf viele Fragen und die Lösung so vieler Probleme. Schön, wenn es wahr wäre. Dann könntest du ja auch die Antwort meiner Fragen und die Lösung meiner Probleme sein. Doch vielleicht sollte ich dir erst einmal sagen, wer ich bin, und dir meinen Namen verraten."

„Das brauchst du nicht", erwiderte Liebe, „denn ich kenne deinen Namen schon. Du heißt Verliebtheit."

Das zarte Mädchen zuckte kurz zusammen und senkte seinen Blick rasch auf den Boden, wo es erdig war zwischen dem Gras.

Nach einer Weile sagte sie leise:

„Ja, das stimmt. Aber woher kennst du meinen Namen?"

„Weil ich dich kenne."

„Woher kennst du mich denn? Sind wir uns schon mal begegnet oder haben wir womöglich etwas miteinander zu tun gehabt?", fragte Verliebtheit erstaunt.

Schon vom ersten Augenblick an, als Liebe Verliebtheit gesehen hatte, wusste sie, dass diese Fragen kommen würden. Liebe wusste auch, dass es sehr schwierig, ja sogar unmöglich sein würde, eine Antwort zu geben, die Verliebtheit, so wie sie heute war, dachte und fühlte, verstehen würde ...

Da wurden die Gedanken von Liebe durch eine Bemerkung von Verliebtheit unterbrochen:

„Kannst du so einfache Fragen nicht beantworten?"

„Oh Gott, einfache Fragen sagst du! Das ist eine der schwersten Fragen, die du überhaupt hättest stellen können. Denn jede Antwort wäre nur eine Teilwahrheit und daher irreführend. Im Grunde sind solche Fragen nicht mit Worten zu beantworten, sondern nur erlebbar. Einiges kann ich dir aber jetzt schon sagen. Wir haben zwar auf den ersten Blick gewisse Ähnlichkeiten und werden daher auch oft miteinander verwechselt, doch wir sind grundsätzlich verschiedene Wesen. Du hattest so oft die

Gelegenheit, mir zu begegnen, warst aber zu sehr mit dir selbst beschäftigt und bist immer wieder an mir vorbeigegangen.

Tief in deiner Seele, so tief, dass du es selbst nicht wahrnehmen konntest, bin ich jedoch schon immer dein Ziel gewesen."

„Woher willst du das denn alles wissen?"

„Weil ich selbst einmal eine Verliebtheit gewesen bin, so ein Wesen, wie du es heute bist."

„Das kann schon sein. Eines verstehe ich aber dennoch nicht. Was soll das denn heißen: Tief in meiner Seele, wo ich es selbst nicht wahrnehmen konnte, bist du mein Ziel? Wenn du aber mein Ziel sein solltest, dann habe ich es doch erreicht?!"

Sie legte ihre Hand auf die Schulter von Liebe und sagte triumphierend:

„Na siehst du, ich kann dich sogar berühren, also bin ich bei dir und somit auch am Ziel."

Liebe antwortete verständnisvoll und geduldig:

„Nein, du bist nicht am Ziel angekommen und du bist auch noch lange nicht bei mir. Noch bin ich für dich nur eine Ahnung."

„Was für ein Unsinn! Ich sehe dich doch und ich höre dich auch. Wieso bin ich dann nicht bei dir?"

„Ja weißt du, ich habe eine sichtbare Gestalt angenommen, damit du mich wahrnehmen kannst. Im Grunde aber siehst du nicht mich, sondern du siehst nur deine Träume, du hörst die Stimme deiner Wünsche und Sehnsüchte. Du siehst nur das, was du sehen willst."

Verunsichert über die Antwort von Liebe, sagte Verliebtheit:

„Ich verstehe das nicht. Ich sehe, dass ich dich sehe, und ich höre, dass ich dich höre. Du aber sagst, ich würde die Stimme meiner Sehnsüchte und Wünsche hören, meine Träume sehen und mit meiner Ahnung sprechen? Glaubst du etwa, ich bin verrückt?"

„Um Gottes willen, nein! Natürlich bist du nicht verrückt. Du hast nur eine große Sehnsucht und deine Sehnsucht ist dein Suchen und dein Suchen deine Sehnsucht. Du suchst, und deshalb bist du auch unterwegs und nicht bei dir zu Hause."

Betroffen antwortete Verliebtheit:

„Das musst du gerade sagen. Du hockst ja auch nur hier rum und bist nicht bei dir zu Hause."

Kaum hatte Verliebtheit das gesagt, spürte sie ein Unbehagen, weil sie so grob mit Liebe redete. Sie war aber zu erregt, um sich zu beherrschen. Mit ausgestrecktem Arm zeigte sie auf die Landschaft hinter Liebe und sagte wütend: „Oder bist du etwa in diesem Nichts hier zu Hause?"

„Ich bin überall zu Hause, weil ich bei mir zu Hause bin."

„Was ist denn das für ein Zuhause? Hier gibt es doch nichts."

„Du sagst, hier gibt es nichts? Alles hier ist voller Leben und überschwänglicher Lebendigkeit. Sieh doch den Liebestanz der Schmetterlinge, den neugierigen Blick des Himmels durch die Blätter auf das Versteckspiel von Licht und Schatten. Hör doch die Geschichten des Windes von fernen Orten und das Wispern der Wurzeln von den Geheimnissen der Dunkelheit. Staunst du nicht ..."

„Nein, ich sehe und höre all das nicht. Ehrlich gesagt, ich habe auch gar keine Lust darauf. Wenn ich überhaupt staunen sollte, dann staune ich darüber, dass du nicht einmal einen Rucksack hast, und frage mich, wovon du überhaupt lebst."

„Davon, dass ich keinen Rucksack brauche."

Diese Antwort war für Verliebtheit das Unsinnigste und Unverständlichste, was sie je in ihrem Leben gehört hatte. Sie konnte diese Antwort beim besten Willen weder verstehen noch akzeptieren und sagte, immer noch ganz aufgebracht:

„Was für ein Unsinn! Jeder Mensch, den ich kenne, hat so einen Rucksack wie ich und trägt ihn auch immer bei sich."

„Das glaube ich dir gern. Es kommt daher, dass du nur Menschen kennst, die nicht lieben. Denn jemand, der die Liebe in sich trägt, braucht nichts anderes bei sich zu tragen. Daher braucht er auch keinen Rucksack."

„Du hast gut reden! Du bist einfach zu alt. Du hast keine Leidenschaft mehr. Kein Brennen in deinem Herzen, keinen Durst, der gelöscht, und keinen Schmerz, der gelindert werden will. Klar, dass du nichts brauchst! Dann ist das Leben auch sehr einfach. Doch solch ein Leben will ich gar nicht haben. So fad und so glanzlos."

Mit zusammengepressten Lippen schüttelte Verliebtheit den Kopf, schaute um sich und fuhr mit Bitterkeit in der Stimme fort:

„Du kannst mich eben nicht verstehen. Offensichtlich liegen Welten zwischen Liebe und Verliebtheit, also zwischen dir und mir."

„Nein, nicht Welten. Nur dein Rucksack liegt zwischen uns."

Als Verliebtheit das hörte, nahm sie ihren Rucksack ab, legte ihn vor ihre Füße und warf abwechselnd ihren Blick ein paar Mal auf den Rucksack und ein paar Mal auf Liebe, als wollte sie die Distanz zwischen ihnen beiden abschätzen. Eine Distanz, die zwei Meter betrug, doch Welten der Entfernung ausmachte. Am Ende blieb ihr Blick auf ihrem Rucksack haften. Sie wurde nachdenklich und schwieg.

Spielzeuge der Verliebtheit

Es war noch sehr früh am Morgen. Die Sonne stand tief am Horizont, der Himmel war klar und wolkenlos. Alles sprach dafür, dass es ein schöner Sommertag werden würde.

Inzwischen hatte sich Verliebtheit einige Schritte von Liebe entfernt hingesetzt. Sie war noch immer in Gedanken versunken und spürte weder den sanften Wind, der mit ihren langen schwarzen Haaren spielte, noch hörte sie den leisen Gesang der Vögel von den fernen Bäumen.

Die Begegnung mit Liebe, so kurz sie bisher auch gewesen war – nur ein paar Sätze am Rande eines Weges, nur ein paar Fragen hastig aufgeworfen, nur ein paar Antworten knapp wie ein Atemzug, doch irgendwie gewaltig wie ein Orkan –, hatte wie ein Blitz in Verliebtheit eingeschlagen. Dass Liebe sie angeblich kannte, ihren Namen wusste, dass sie für Liebe so durchsichtig wie ein Glas Wasser und so durchschaubar war, verunsicherte sie. Dass Liebe ihre Geheimnisse kennen könnte, machte Liebe geheimnisvoll. Verliebtheit war wütend auf Liebe, weil sie sich ihr unterlegen fühlte. Sie musste sich aber auch eingestehen, dass Liebe sehr viel Wärme und Herzlichkeit ausstrahlte und so liebevoll mit ihr umging. Obwohl Verliebtheit die Gedanken und Äußerungen von Liebe nicht ganz verstehen konnte und vielleicht auch gar nicht verstehen wollte, wunderte sie sich, warum diese sie dennoch so berührten und ihr unter die Haut gingen.

Sie konnte sich all das, was Liebe in ihr ausgelöst hatte, nicht so recht erklären, doch etwas tief in ihrem Herzen flüsterte: ‚Du kannst Liebe trauen und du solltest dich ihr öffnen.' Dies beruhigte Verliebtheit weitgehend, beseitigte aber ihr Unbehagen und ihre Skepsis Liebe gegenüber nicht restlos. Dennoch flüsterte das Etwas in ihr lauter: ‚Vielleicht kommt das Glück mit der Liebe.'

Nach ein paar Minuten griff Verliebtheit nach ihrem Rucksack und dachte dabei: ‚Ach, das Ding zwischen mir und der Liebe', und schmunzelte.

Sie entfernte behutsam ein paar trockene Grashalme vom Rucksack und legte ihn auf ihren Schoß. Sie schloss ihre Arme um ihn und beugte sich darüber, so als würde sie ihren Rucksack umarmen, beschützen oder gar verschlingen wollen.

Einige Minuten verweilte Verliebtheit in dieser Haltung, bevor sie sich aufrichtete und Liebe fragte:

„Du bist mir doch nicht böse, dass ich vorhin so grob zu dir gewesen bin, oder?"

„Nein, keinen Augenblick."

„Dann können wir wieder miteinander reden?"

„Ja, immer, immer wenn du willst."

„Gut so. Ich habe gemerkt, dass du einiges über mich weißt, du kanntest sogar meinen Namen. Du weißt aber bestimmt nicht, wie ich meinen Rucksack nenne, oder?"

„Vielleicht ‚die Kiste deiner Spielzeuge'?"

Verliebtheit war so davon überzeugt gewesen, dass Liebe nicht wissen würde, wie sie ihren Rucksack nannte. Daher war sie nicht nur überrascht, sondern auch wieder überaus verärgert.

„Ja, stimmt", sagte sie unwillig und fuhr fort:

„Ja, das ist die große Kiste meiner Spielzeuge. Und sie ist mein Ein und Alles. Ich hänge eben an meinem Rucksack, und wie du siehst, ist er auch mein einziger

Begleiter. Hier drin habe ich nicht nur meinen Proviant für unterwegs. Hier drin ist auch alles, was ich für mein Leben brauche. Auch bei mir zu Hause trage ich ihn immer bei mir."

Liebe nickte nur und hörte aufmerksam zu.

Verliebtheit fuhr trotzig fort:

„Aber du kannst bestimmt nicht erraten, was ich alles in meinem Rucksack habe, oder?"

„Oh doch, auch das weiß ich. Ich weiß sogar um ein ganz kleines Päckchen in deinem Rucksack, das du noch nicht einmal ausgepackt hast."

Verliebtheit, noch verärgerter als zuvor, erwiderte:

„Woher willst du das denn alles wissen? Du kennst mich ja nur seit ein paar Minuten!"

„Das ist nicht wahr. Ich sagte dir bereits, dass ich selbst einmal eine Verliebtheit gewesen bin, so etwa wie du heute eine bist. Daher weiß ich auch, wie du lebst und wovon du glaubst, es wie Wasser und Brot zum Überleben zu brauchen. Ich habe früher auch solch einen Rucksack gehabt und ihn überall mitgeschleppt, und genau wie du habe ich auch gedacht, dass ich auf keinen Fall ohne ihn leben könnte."

Entsetzt darüber, dass Liebe sie viel mehr durchschaute, als sie gedacht hatte, wandte Verliebtheit ihr Gesicht ab, griff in ihren Rucksack und holte eines ihrer Spielzeuge heraus.

Es war etwas, das aus vielen kleinen und großen Teilen zusammengesetzt war. Einige Teile waren überzogen mit hellen und strahlenden Farben und andere wiederum waren matt und dunkel. Die Übergänge waren scharf getrennt, doch an einigen Stellen verschmolzen die Teile miteinander und ihre Farben vermischten sich.

Verliebtheit streichelte es und zog an dieser oder jener Ecke ihres bunten Spielzeugs. Je nachdem, welche Ecke sie anschaute und berührte, lächelte sie oder wurde nachdenklich. Bei einer bestimmten Ecke verweilte sie lange und ihr Gesicht überzog sich mit einem Schleier von Trauer. Als die ersten Tränen in ihre großen dunklen Augen traten, warf Verliebtheit das bunte Spielzeug in ihren Rucksack zurück und holte ohne hineinzuschauen ein zweites heraus.

Dieses Spielzeug war nicht bunt, eher dunkelgrau, fast schwarz. Anstelle von runden Ecken hatte es scharfe Kanten und verschiedenartige Stacheln, kurze und lange und einige mit Widerhaken. Am Gesichtsausdruck von Verliebtheit war ersichtlich, dass sie ihre Hand verletzten. Dann nahm sie dieses dunkelgraue schmerzende Spielzeug in die andere Hand. Der Bewegung ihrer Lippen war zu entnehmen, dass sie etwas sagte, doch sie sprach leise, damit Liebe es nicht hören konnte. Als ihre Hände anfingen zu bluten und Verliebtheit die Schmerzen kaum mehr aushalten konnte, warf sie auch dieses Spielzeug in ihren Rucksack zurück.

Liebe, die das Geschehen mit Sorge verfolgt hatte, fragte vorsichtig:

„Möchtest du, dass ich mich um deine Wunden kümmere?"

„Nein! Ich habe dich nicht um Hilfe gebeten", sagte Verliebtheit trotzig. „Außerdem, solche Schmerzen bin ich gewöhnt."

Liebe wusste um die Gefühlsschwankungen von Verliebtheit. Oft folgten von einer Minute auf die andere ihren tränenden Augen lächelnde Lippen und ihrer Traurigkeit Freude. Daher war Liebe nicht überrascht, als Verliebtheit nach einer kurzen Pause mit einem versteckten Lächeln, das noch die Reste ihrer Traurigkeit enthielt, äußerte:

„Du könntest aber etwas anderes für mich tun. Du könntest mich von meinem Schmerz ablenken und mich ein bisschen aufmuntern. Wir spielen ein Ratespiel. Ich stelle Fragen und du musst die Antworten dazu finden."

Liebe hatte nur allzu oft erlebt, dass es wenig hilft, sich von den Schmerzen bloß abzulenken, ohne die Wunden zu heilen, aus denen die Schmerzen entspringen. Doch sie wusste auch, dass es für die Heilung der Wunden von Verliebtheit noch zu früh war, aber der richtige Augenblick, um sich wenigstens um ihren Schmerz zu kümmern. Daher schwieg sie und stimmte mit einem Nicken zu.

„Weißt du, wie das dunkle Spielzeug heißt, dem ich meine blutenden Hände zu verdanken habe?"

Mit einer besänftigenden Geste antwortete Liebe: „Enttäuschung!"

‚Das ist doch nicht möglich!', fluchte Verliebtheit innerlich. Trotzdem neugierig, ob Liebe das nächste Spielzeug erraten würde, verbunden mit der Hoffnung, dass es ihr diesmal nicht gelingen würde, sagte Verliebtheit mit erhobenem Zeigefinger:

„So, das nächste wirst du bestimmt nie erraten! Wie heißt das Spielzeug, mit dem ich zuerst gespielt habe?"

„Du meinst das bunte Spielzeug mit den vielen kleinen und großen Teilen? Dieses Spielzeug heißt Erinnerung."

Verliebtheit war nicht nur beeindruckt, sie war sogar schockiert, dass Liebe auch das gewusst hatte, und konnte sich das beim besten Willen nicht erklären.

Dann machte Verliebtheit ihren Rucksack ganz auf und wühlte lange darin herum. Dabei fiel ihr nach längerer Zeit wieder das kleine Päckchen, das sie nie geöffnet hatte, in die Hände. Auch jetzt war ihr, wie so oft, nicht danach, es auszupacken; sie schob es zur Seite und wühlte weiter. Es war klar, dass sie diesmal etwas ganz Bestimmtes suchte. Schließlich holte sie ein drittes Spielzeug heraus, ihr Lieblingsspielzeug. Dieses Spielzeug war nicht nur bunter als die Erinnerung, es glitzerte und funkelte auch, als wäre es mit Diamanten besetzt. Doch es hatte keine klaren Konturen. Es war weich wie ein Schwamm, etwas Gummiartiges, etwas Verformbares, an dem Verliebtheit ziehen und drücken konnte, sodass dieses Spielzeug fast jede Gestalt annahm, die sie wollte.

Verliebtheit drückte dieses Spielzeug an ihr Herz, schloss die Augen und verweilte einen Augenblick lang in dieser Haltung. Es sah so aus, als würde sie träumen, jedenfalls wirkte sie sehr abwesend. Langsam wichen auch die letzten Spuren von Trauer und Schmerz aus ihrem Gesicht. Einen Augenblick lang wirkte sie entspannt, gelöst und beinahe glücklich.

Dann öffnete Verliebtheit ihre Augen, lächelte das Spielzeug, das sie in ihren Händen hielt, an und sagte zu ihm:

„Glaubst du, dass Liebe auch deinen Namen kennt?"

Kaum hatte sie das gesagt, da spürte sie auch schon, dass sie keine Lust mehr auf dieses Ratespiel hatte. Sie dachte nur:

‚Wie soll man mit jemandem ein Ratespiel spielen, der alles weiß und nicht einmal raten muss?'

Deshalb sagte sie, ohne ihren Kopf zu drehen und Liebe anzuschauen:

„So wie ich dich mittlerweile kenne, wirst du wohl auch wissen, wie dieses Spielzeug hier in meiner Hand heißt. Ich werde dich auch gar nicht erst danach fragen und du brauchst es auch nicht schon wieder zu erraten. Ich werde dir selbst sagen, wie dieses dritte Spielzeug heißt: Es heißt Hoffnung."

Wie hätte Liebe das nicht wissen können? Denn kein Spielzeug ist wie die Hoffnung, so bunt, strahlend, weich und mit veränderlicher Gestalt. Als sie selbst eine Verliebtheit gewesen war, war gerade die Hoffnung auch ihr Lieblingsspielzeug gewesen. Denn die Hoffnung war die Wärme, die sie aus der Kälte ihrer Einsamkeit rettete, das Licht in der Dunkelheit ihrer Angst und die Brücke zum Glück. Die Hoffnung war ihr vertrautestes Spielzeug. Daher ahnte sie, was gleich passieren würde, und schaute Verliebtheit, die mit der Hoffnung in ihren Händen verschmolzen schien, voller Sorge an.

Da fing das Spielzeug Hoffnung auch tatsächlich an, sich zu verändern. Es verlor seinen Glanz, seine Gestalt und seine bunte Farbe. Es wurde stachelig und dunkelgrau, fast schwarz wie die Nacht. Die Hoffnung hatte sich in Enttäuschung verwandelt.

Obwohl Verliebtheit diese Verwandlung schon so oft erlebt hatte, wollte sie sich damit nicht abfinden. Verzweifelt und verbittert warf sie das schwarze Ungetüm in ihren Händen weg, weit weg von ihrem Rucksack und weit weg von sich. Die zur Enttäuschung gewordene Hoffnung blieb aber dort nicht liegen, sie rollte zurück und schlüpfte wieder in den Rucksack hinein.

Da drehte sich Verliebtheit um und fragte Liebe völlig aufgelöst:

„Hast du das gesehen?! Hast du das gesehen?! Das passiert mir so oft! Fast jedes Mal, wenn ich traurig bin und versuche, mich durch das Hoffnungsspiel abzulenken, oder wenn ich einfach nur Freude habe, damit zu spielen, verwandelt es sich. Manchmal in Enttäuschung, was mich verbittert und wütend macht, und manchmal in eine Art grauen Nebel, der sich ausbreitet und überall niederschlägt. Alles erscheint dann grau und trostlos. Ich bin dann so verzweifelt, komme mir so haltlos vor und bekomme Angst. Doch am schlimmsten ist es, wenn sich das Hoffnungsspiel verwandelt und ich es wegwerfe, aber es einfach zurück in meinen Rucksack schlüpft. Egal wie weit ich es auch wegwerfe, werde ich die Hoffnung nicht los."

Der fragende Blick von Verliebtheit veranlasste Liebe zu der Äußerung:

„Vielleicht wirst du die Hoffnung deshalb nicht los, weil du sie nur mit den Händen wegwirfst, aber im Herzen behältst."

Ewige Geburtswehen

Durch die unzähligen Erfahrungen, die Verliebtheit mit ihrer Hoffnung gemacht hatte, waren ihr Lust und Frust des Hoffnungsspiels sehr vertraut. Der Gedanke, dass sie die Hoffnung mit der Hand wegwirft, aber im Herzen behält, war jedoch neu für sie. Die leise Ahnung, dass nicht die Hoffnung, sondern womöglich sie selbst der Schöpfer ihres Leidens sein könnte, verunsicherte sie zutiefst und ihre Ohnmacht tat ihr in der Seele weh. Diese Gefühle vermittelte sie auch Liebe mit der Frage:

„Ist das nicht schrecklich, dass ich nicht über meine Spielzeuge bestimmen kann?"

In diesem Augenblick senkte Verliebtheit ihren Kopf, damit Liebe die Tränen, die ihr über die blassen Wangen rollten, nicht sehen konnte, und fragte verzweifelt:

„Kannst du mir helfen oder hast du vielleicht einen Rat für mich? Bitte, bitte sag ja. Sag, dass du weißt, wie ich meine Spielzeuge in den Griff bekomme."

Liebe umarmte Verliebtheit zärtlich mit ihren Blicken, zögerte aber mit der Antwort. Sie kannte ja die Gefühle von Verliebtheit, weil sie selbst lange eine Verliebtheit gewesen war. Sie kannte die schönen Erinnerungen, die sie selbst wie kostbare Juwelen für Zeiten der Not aufbewahrt hatte. Die bitteren Kerne der Enttäuschungen, die immer übrig geblieben waren, wenn das Fleisch der süßen Früchte der Leidenschaft aufgezehrt war. Und diese Hoffnung, die Hoffnung, die mit gestrecktem Arm und offener Hand um Erfüllung ihrer Wünsche gebettelt hatte.

Liebe kannte diese Gefühle nur allzu gut. Sie kannte sie alle. Alle Spielzeuge, die bunten und schönen, die beleben und Freude bereiten, auch die unvermeidbar ekligen und hässlichen, die verbittern und lähmen. Liebe kannte sie alle, samt ihrem Zauber, ihrer Macht und ihren Tücken; die mit ihrer Magie wie Spielzeuge erscheinen und mit ihrer Zauberkunst so zarte Wesen wie Verliebtheit in ihren Bann ziehen. Liebe erinnerte sich an jene Zeit, als sie selbst noch verliebt gewesen war und leidend und verzweifelt nach Erfüllung, Hilfe und Rat suchte. Und an die lange Zeit und den beschwerlichen Weg ihres Werdens. Ihrer Metamorphose, ihrer Verwandlung von Verliebtheit zu Liebe.

Ihre erste Geburtswehe war die bittere Erkenntnis: Es gibt keinen Ratgeber und keinen Rat, die wirklich nützen. Es gibt nur die brennenden Fragen, aber keinen, der sie beantwortet und das Feuer löscht. Es war die Erfahrung, dass sie selbst die Frage war und nur sie selbst die Antwort sein konnte – eine Antwort, die sie aber nicht kannte. Die bedrohliche Gewissheit, auf sich selbst angewiesen zu sein, jedoch auf ein ohnmächtiges Selbst, um sich an dem eigenen Schopf aus dem Sumpf ziehen zu müssen, mit gelähmten Händen. Alles Dinge der Unmöglichkeit, wie der Seiltanz eines Gelähmten.

Liebe wusste, dass diese ewigen Geburtswehen des Werdens unermesslich schmerzhafter sein würden als die Schmerzen, die Verliebtheit jetzt und heute bei den ersten Schritten ihres Weges erlitt. Auch war es Liebe über alle Maße klar: Wenn die Geburtswehen nicht zu einer Geburt führen und die Entbindung von der Bindung zum Rucksack nicht vollzogen würde, würden die Schmerzen bis zum Ende ihrer Tage anhalten. Liebe wusste aber auch, dass dieser Schmerz der Prüftiegel ist, in dem das

Überflüssige verbrennt, das Oberflächliche verdampft und das Edle bleibt. Und das Edle ist unvergänglich. Deshalb wünschte sie Verliebtheit von ganzem Herzen diese unvermeidbaren Wehen, damit aus Verliebtheit vielleicht auch einmal Liebe würde.

Während Liebe an all das dachte und sich erinnerte, beobachtete sie Verliebtheit, die scheinbar teilnahmslos mit dem Gras neben sich herumspielte. Liebe wusste nur allzu gut, dass Verliebtheit jetzt keine Worte der Weisheit brauchte, sondern Trost, Zuversicht und Kraft, damit sie ihren schweren Weg, den sie schon begonnen hatte, auch weitergehen würde.

In diesem Augenblick wurde die Gedankenkette von Liebe durch die ungeduldige Frage von Verliebtheit unterbrochen:

„Ich habe dich was gefragt. Warum gibst du mir denn keine Antwort? Du bist doch nicht etwa mit deinem Latein am Ende? Ich wollte ja nur einen Rat von dir. Ich wollte ja nur wissen, wie ich mit meinen Spielzeugen und den Gefühlen, die sie mit sich bringen, umgehen soll."

„Oh, entschuldige bitte, dass ich mit der Antwort gezögert habe. Deine Frage war auch sehr lange meine Frage. Meine Spielzeuge waren auch für mich die Quelle meiner Freude und meines Leidens. Auch ich war einst wütend, traurig und verzweifelt über die Macht, die sie über mich hatten. Deshalb verstehe ich dich und kann mir sehr gut vorstellen, wie es in dir aussieht.

Ich wünschte, es gäbe einen Rat, der dir helfen könnte, und ich wünschte, es gäbe einen Zauberknopf, ich würde auf ihn drücken und du würdest all deine Sorgen und Ängste mit einem Schlag loswerden. Aber solch einen Knopf gibt es nicht. Hoffnung ist kein Kerzenlicht, man bläst und es geht aus. Erinnerung ist kein Bilderbuch, man klappt es zu und die Bilder verschwinden, und Enttäuschung ist nicht ein Dorn im Fleisch, man zieht ihn heraus und der Schmerz lässt nach. Schau, wenn deine Spielzeuge nur Spielzeuge sein sollen und mit dir nicht machen sollen, was sie wollen, wenn du sie wirklich loswerden willst, dann musst du erst einmal verstehen, warum du sie überhaupt brauchst. Denn würdest du sie nicht brauchen, dann würdest du auch nicht einen derart schweren Rucksack mit dir herumtragen."

„Aber ich mag meinen Rucksack nun mal und trage ihn gern mit mir. Ich verstehe nicht, was du eigentlich gegen meinen Rucksack hast!"

„Nichts. Ich habe nichts gegen deinen Rucksack. Es geht nur um seinen Inhalt. Den trägst du wie eine Kette um den Hals und wie eine Fessel um deinen Fuß, und du trägst ihn schon so lange, dass du glaubst, er sei ein Teil von dir. Es ist nicht dein Rucksack, es sind deine Spielzeuge, die dich traurig machen und zur Verzweiflung bringen."

„Schon gut. Es reicht. Ich habe dich verstanden. Aber du hast mir immer noch keinen Rat gegeben und ich weiß immer noch nicht, was ich tun soll!"

„Ich kann dir keinen Rat geben, was du tun sollst, doch du selbst hast ja schon vieles getan und wirst auch noch vieles tun. Schau, du hast dein vertrautes Zuhause verlassen und dich auf die Suche begeben, du bist neugierig und du stellst Fragen. Das ist schon sehr viel und ein wunderbarer Anfang."

„Und wie lange dauert dieser Anfang noch?"

„Ist das wirklich so wichtig, wie lange es dauert, wenn es um eine lohnenswerte Sache geht? Wenn du zum Beispiel ein Gemälde siehst, das dir gut gefällt, fragst du ja auch nicht, wie lange der Künstler dafür gebraucht hat. Du fragst höchstens, wer das gemalt hat. Zeit ist der geringste Preis, den man für ein klares Ziel zahlt. Worauf es wirklich ankommt, ist, was du wirklich willst. Wenn du ein Ziel im Herzen trägst und entschlossen bist, es auch zu erreichen, dann hast du auch die Ausdauer für den Weg, die Kraft für die Mühe und die Geduld für den Schmerz."

Verliebtheit guckte kritisch und dachte:

‚Wieder so eine Antwort, die sich verdammt gut anhört, aber nichts nützt', und murmelte vor sich hin:

„Erst einmal ein klares Ziel haben", und drückte ihren Missmut durch die Frage aus:

„Und jetzt?"

„Jetzt würde ich vorschlagen, dass wir deinen Rucksack samt all deinen Spielzeugen erst einmal in Ruhe lassen und eine Weile nicht mehr über sie reden. Lass uns etwas spazieren gehen und schauen, was so alles unterwegs passiert und was uns alles …"

„Ja, das machen wir. Vorher möchte ich jedoch noch etwas klären. Wenn ich später jemandem von unserer Begegnung erzählen möchte, wie soll ich dich dann beschreiben? Soll ich sagen, ich habe einen alten Mann getroffen, oder soll ich sagen, ich bin der Liebe begegnet?"

Nach einem tiefen Atemzug antwortete Liebe:

„Du wirst mich sowieso nur so beschreiben, wie du mich erlebt hast. Wenn du nur einen alten Mann mit all seinen Gebrechen kennengelernt hast, dann wirst du auch nur etwas über ihn zu sagen haben. Hast du dich aber von mir als Liebe berühren lassen, hast du etwas von Liebe in dir aufgenommen, dann wird auch Liebe aus dir sprechen. Unabhängig davon, wie du mich wahrnimmst und mich später beschreiben wirst, bin ich beides: einmal ein zu

Fleisch gewordener Mensch, eben ein alter Mann, der alle Facetten des menschlichen Daseins erlebt hat, der auch mal jung und verliebt war; gleichzeitig aber bin ich auch Liebe. Liebe, die ich schon seit eh und je war und bin und sein werde. Wie auch immer, ich weiß nicht, was du über mich erzählen wirst, doch aus einem Krug kommt das heraus, was in dem Krug ist."

Daraufhin verschloss Verliebtheit ihren Rucksack, stand auf, warf Liebe einen fragenden Blick zu und begab sich auf den Weg.

Liebe vergewisserte sich schnell, dass Verliebtheit nichts liegen lassen hatte, und folgte ihr dann.

Sklaventreiber

Die Sonne stand gerade über dem Horizont, der Himmel war blau und die Luft warm und leicht. Die Landschaft war eingebettet in ein Grün mit hunderten Nuancen und geschmückt mit tausenden wilden Wiesenblumen.

Diese verschwenderische Schönheit auf beiden Seiten des Weges ging an Verliebtheit vorbei, sie war viel zu tief in Gedanken versunken. Sie hatte weder die Enttäuschung überwunden, keinen Rat von Liebe bekommen zu haben, noch war sie wirklich damit einverstanden, eine Weile nicht über ihre Spielzeuge zu reden. Hinzu kam, dass sie das Gefühl hatte, ihr Rucksack sei an diesem Morgen, eigentlich seit der Begegnung mit Liebe, schwerer geworden.

Schwerer als je zuvor. Deshalb wuchs ihr Wunsch, mit Liebe über ihre Spielzeuge zu reden, mit jedem Schritt. Gleichzeitig aber wollte sie auch den Vorschlag von Liebe, eine Weile nicht über ihren Rucksack zu sprechen, beherzigen. Zu diesem Dilemma kam noch ihre bohrende Ungeduld hinzu, die bewirkte, dass sie ihr eigenes Schweigen nicht mehr aushielt. Sie blieb stehen, drehte sich um, schüttelte den Kopf und sagte zu Liebe, die ein paar Schritte hinter ihr lief:

„Du läufst aber ganz schön langsam. Ja, ja, das sind wohl die alten Knochen, die nicht mitmachen", und fügte etwas hämisch hinzu:

„Aber ich warte ja gern auf dich."

Sie wartete, bis Liebe neben ihr stand, und fuhr fort:

„Wie du siehst, ich habe deine Vorschläge beherzigt, ich gehe weiter mit dir und rede auch nicht über meine Spielzeuge."

So gingen Liebe und Verliebtheit eine ganze Weile schweigsam nebeneinander den Weg entlang. Als sich ein Vogel ein paar Meter von ihnen entfernt auf einen kleinen Felsen am Rande des Weges setzte, nutzte Verliebtheit diese Gelegenheit, das ihr unerträglich lang vorkommende Schweigen zu brechen. Sie zeigte auf den Vogel mit der Bemerkung:

„Schau, dieser Vogel fliegt nicht weg. Er scheint keine Angst vor uns zu haben, oder?"

„Ja, weil er weiß, dass seine Flügel schneller sind als unsere Schritte."

„Und woher willst du wissen, dass er das weiß?"

„Weil alle Lebewesen ein angeborenes Wissen in sich tragen, das ihr Leben schützt. Deshalb nennt man dieses angeborene Wissen auch Selbsterhaltungstrieb. Natürlich ist das Wissen dieses Vogels ganz anders als das Wissen eines Menschen, was das Überleben betrifft, doch das Resultat ist dasselbe."

„Wenn das so einfach ist, wo bleibt dann mein Überlebenstrieb, der mich vor meinen Ängsten, Sorgen und Problemen beschützt und mich befreit?"

„Gerade deine Ängste, Sorgen und Probleme sind die Folge deines Überlebenstriebes. Weißt du, Menschen können denken. Deshalb machen sie aus ihrem Überlebenstrieb, der natürlich und notwendig ist, eine Überlebensstrategie, einen Überlebensplan. Da menschliche Strategien und Pläne nicht nur Sinnvolles und Notwendiges enthalten, sondern auch Schädliches und Irreales …"

„Wenn ich dich richtig verstehe, heißt das ja nichts anderes, als dass ich bloß deshalb Ängste, Sorgen und Probleme habe, weil ich überleben will."

„Nein, nicht weil du überleben willst, sondern die Art und Weise, wie du zu überleben versuchst, bereitet dir Angst und Sorgen. Zu deiner Beruhigung, diese irrige und angstvolle Art zu überleben ist nicht dein persönliches Schicksal, es ist das Dilemma des menschlichen Daseins schlechthin. Ein Dasein mit dem Rucksack, ein Dasein für den Rucksack. Durch diese Art zu überleben machen sich die Menschen zu ihrem eigenen Sklaventreiber. Sie schweben nicht mehr mit Leichtigkeit durch das Leben, sondern sie tragen das Leben wie eine schwere Last auf ihren Schultern. Wie ein gehorsamer Sklave. Wie man aber durch diese oder jene Art zu leben zu seinem eigenen Sklaventreiber wird, darauf werden wir bestimmt noch zurückkommen."

„Na, ein Grund mehr, Liebe zu sein, dann entfliehe ich dem Dilemma."

„Entfliehen willst du? Fliehen führt nicht zur Liebe. Der Weg zur Liebe kann nur gegangen werden. Wer aber flieht, der geht nicht."

„Ich mag jetzt nicht mit dir über Worte streiten. Gehen oder fliehen ist mir auch egal. Jetzt will ich bloß Liebe sein und Punkt. Und ich glaube, das ist auch das Mindeste, das jedem zusteht. Du bist ja auch nicht als Liebe geboren, du hast ja all deine Weisheiten, Fähigkeiten und deine

Gelassenheit, die dich zur Liebe gemacht haben, nach und nach erworben."

„Es gehört aber viel mehr dazu, Liebe zu werden. So sehr ich dir auch wünsche, dass du Liebe wirst: So einfach, wie du es dir wünschst und vorstellst, geht es nicht. Liebe ist kein Land, das man erobern, kein Haus, das man bewohnen, und nicht einmal ein Ziel, das man anstreben kann. Wenn es dir gelingt, dich für die Liebe zu öffnen und die Liebe als ein Geschenk zu sehen …"

„Und was kostet dieses Geschenk?"

„Ein Geschenk kostet nichts, sonst wäre es kein Geschenk."

„Einverstanden. Dann sag doch wenigstens: Was ist Liebe? Dann haben wir beide erst mal unsere Ruhe."

Nach einem Schweigen von der Dauer dreier Atemzüge wiederholte Liebe das Anliegen von Verliebtheit:

„Was ist Liebe?"

„Lustig", sagte Verliebtheit vergnügt, „aus dem Mund von Liebe zu hören: ‚Was ist Liebe?' Wirklich lustig. Du musst dich doch kennen. Also rück raus mit der Sprache, was ist Liebe?"

Das Geheimnis hinter einem Stuhl

Liebe wusste aus ihren eigenen Erfahrungen, dass das Denken von Verliebtheit noch nicht die Reife, ihr Herz nicht den Platz und ihr Ohr kein Gehör für Liebe hatte. Es war ihr auch klar, dass sie all das Verliebtheit nicht sagen würde, weil es sie unnötig verletzte. ‚Das Beste ist‘, so dachte Liebe, ‚wenn Verliebtheit selbst erfährt, dass die Frage, was Liebe ist, sich grundsätzlich von anderen Fragen wie ‚Wo warst du gestern Abend?‘, ‚Wie hoch ist der höchste Berg in Europa?‘ oder ‚Wie heißen deine Kinder?‘ unterscheidet.‘ Nun ging es darum, Verliebtheit zu vermitteln, dass die Antwort auf diese Frage nicht mit

Worten, sondern nur durch eigenes Erleben zu erfahren wäre. Daher schlug sie Verliebtheit vor:

„Gut. Ich werde dir sagen, was Liebe ist, aber erst, wenn du mir sagst, was Schönheit ist und was Grün bedeutet – oder zumindest, was ein Stuhl ist."

Überrascht über diesen merkwürdigen Vorschlag, sah Verliebtheit Liebe mit großen Augen an und fragte leicht verunsichert:

„Willst du mich etwa auf den Arm nehmen oder meinst du das wirklich ernst? Nein, du kannst es nicht ernst meinen, oder?"

„Doch, ich meine es wirklich ernst. Erkläre mir Schönheit, erkläre mir das Grün und sag mir, was ein Stuhl ist, und ich sage dir dann, was Liebe ist."

„Was Schönheit und Grün ist, da muss ich einen Augenblick nachdenken. Was soll aber diese dumme Frage mit dem Stuhl? Jeder Mensch weiß doch, was ein Stuhl ist!"

„Dann dürfte es dir ja auch nicht schwerfallen, diese Frage zu beantworten."

„Ich weiß zwar nicht, was dieser Blödsinn soll, aber ich beantworte diese Frage, damit du endlich damit rausrückst, was Liebe ist. Ein Stuhl ist etwas, worauf man sitzen kann."

„Man kann auch auf dem Boden sitzen."

Genervt erwiderte Verliebtheit:

„Schon gut. Ein Stuhl ist etwas, das vier Beine hat und auf dem man sitzen kann."

„Diese Beschreibung trifft aber auch auf ein Bett zu, denn ein Bett hat auch vier Beine und man kann auch darauf sitzen."

Verärgert trat Verliebtheit gegen einen Stein am Wegesrand und erwiderte energisch:

„Ein Stuhl ist ein Gegenstand, der vier Beine hat und nicht so groß ist, dass man sich drauflegen kann. Bist du jetzt zufrieden?"

„Nicht ganz, das trifft auch auf einen Tisch mit vier Beinen zu, der aber zu klein ist, als dass man sich darauflegen könnte."

So langsam begann Verliebtheit zu ahnen, warum Liebe von ihr verlangte, einen Stuhl zu beschreiben, doch sie wollte Liebe den Triumph auf keinen Fall gönnen, dass sie keine eindeutige Beschreibung für einen Stuhl finden konnte. Der Ehrgeiz packte sie. Sie überlegte. Sie überlegte lange. Sie stellte sich viele Stühle vor und war überrascht, wie unterschiedlich sie alle aussahen. Einige waren aus Holz, Bambus oder aus Metall, manche waren mit Stoff, manche mit Leder bezogen, einige hatten Armlehnen und andere wiederum nicht. Diese Vielfalt machte es ihr praktisch unmöglich, eine Beschreibung dafür zu finden, was ein Stuhl wirklich war, eine Beschreibung, die all diese Besonderheiten und Eigenschaften berücksichtigte, die ein Stuhl haben konnte, wenn auch nicht haben musste, um ein Stuhl zu sein. ‚Was charakterisiert also einen Stuhl, was macht also einen Stuhl aus?', fragte sich Verliebtheit jetzt ernsthaft. Sie konnte nicht einmal ahnen, dass die so einfache Frage ‚Was ist ein Stuhl?' die schwierige Frage ‚Was ist das Wesen einer Sache?' beinhaltete. Das Wesen einer Sache, das unabhängig von seinen vielfältigen Erscheinungsformen das bleibt, was es ist. Nach längerem Überlegen und Schweigen, wobei sie sich fortwährend am Kopf kratzte und gegen Steine und Bäume trat, beschwerte sich Verliebtheit sichtbar erzürnt:

„Wie soll das gehen? Es gibt doch tausende und abertausende Stühle und jeder sieht anders aus. Wie soll man da beschreiben, was ein Stuhl ist? Sollte deine Frage ein Ablenkungsmanöver sein, weil du mir die Frage, was Liebe ist, nicht beantworten willst oder kannst?"

„Oh nein, ich wollte, dass du es selber spürst und selbst entdeckst, dass man das Wesen der Dinge nicht mit Worten erfassen kann. Menschen haben Wörter erfunden, um die Dinge und Phänomene zu benennen, und zu mehr sind Worte nicht fähig. Du hast recht, jeder weiß, was ein Stuhl ist. Und trotzdem ist es schwer, sogar sehr schwer, wie du es gerade selbst erlebt hast, das Wesen eines Stuhles zu beschreiben. Kannst du dir jetzt vorstellen, wie schwer es sein muss zu erklären, was Liebe ist, wenn doch jeder Liebe sagt und etwas anderes damit meint? Wie oft hörst du ‚Ich liebe meine Kinder', ‚Ich liebe Eis mit Sahne', ‚Ich liebe meine Heimat', ‚Ich liebe Gott', ‚Ich liebe den Frühling', ‚Ich liebe lange schwarze Haare' oder ‚Wir haben uns die ganze Nacht geliebt' und, und, und. Während Menschen Stuhl sagen und im Großen und Ganzen dasselbe meinen, sagen Menschen Liebe und meinen etwas ganz Verschiedenes. Der Satz ‚Ich liebe lange schwarze Haare' heißt ja so viel wie ‚Ich finde lange schwarze Haare schön und anziehend', und der Satz ‚Ich liebe Erdbeeren mit Sahne' soll vermitteln: ‚Ich esse gern Erdbeeren mit Sahne und diese Kombination schmeckt mir sehr gut'. Du siehst, einmal steht Liebe für gutes Schmecken und einmal für schönes Aussehen und beides sind grundverschiedene Dinge. Noch klarer wird es, wenn wir uns Äußerungen wie ‚Ich liebe meine Frau', ‚Ich liebe meine Heimat' oder ‚Ich liebe Gott' …"

„Entschuldige bitte die Unterbrechung. Ein Stuhl mit Leder und Schnitzarbeiten ist auch etwas ganz anderes als ein einfacher Gartenstuhl, so wie Liebe einmal das und ein andermal etwas anderes bedeutet. Das sind die gleichen Verschiedenheiten."

„Ganz und gar nicht. Die beiden Stühle sind äußerlich verschieden, aber ihre Funktion und ihr Wesen sind identisch. Man kann den teuren Lederstuhl in den Garten stellen und den Plastikstuhl ins Gästezimmer. Schwarze Haare und Erdbeeren sind jedoch nicht austauschbar. Haare kann man nicht essen und Erdbeeren haben auch einen anderen Sinn, als nur gut auszusehen. Diese Verschiedenheit ist Wesensverschiedenheit, während die Verschiedenheit der unterschiedlichen Stühle eine rein äußerliche, oberflächliche Verschiedenheit ist."

Das klang einfach, logisch und nachvollziehbar. Und genau das wollte Verliebtheit nicht akzeptieren, weil irgendetwas sie daran störte. Sie empfand diesen Austausch von Gedanken über die Gleichheit von Stühlen und die Verschiedenheit von Liebe als eine Schlacht, die sie nicht verlieren wollte. Sie war entschlossen, es mit diesem Kampf aufzunehmen, wollte dabei aber gleichzeitig ruhig und gelassen wirken, doch ihre aufeinandergepressten Lippen und das gerade noch wahrnehmbare Kopfschütteln verrieten ihre innere Unruhe. Nun setzte sie sich auf einen Baumstamm und forderte Liebe mit einer Handbewegung auf, sich auch hinzusetzen, was Liebe dann auch tat.

Eine lange Weile verging, ohne dass ein Blick gewechselt wurde oder ein Wort fiel. Verliebtheit stellte sich viele, viele Situationen und Menschen vor, Frauen und Männer, Kinder und Erwachsene, Künstler und Arbeiter, berühmte und einfache Leute, Reiche und Arme … und sie stellte fest, dass sie alle, aber auch wirklich alle in dieser oder jener Situation ‚Ich liebe dieses oder jenes' sagen und in der Tat jedes Mal etwas anderes meinen. Also musste sie Liebe recht geben. Etwas in ihr wehrte sich jedoch noch immer dagegen und sie spürte ein großes Unbehagen. Dieses Mal aber kam ihr Unbehagen von der Sache selbst und nicht nur daher, dass sie recht behalten wollte. Ihre Erfahrungen und Erlebnisse hatten sie etwas anderes gelehrt. Aber was? Sie wollte das in Worte kleiden, was sie ohne Worte spürte, doch es gelang ihr nicht.

Dann schlug plötzlich der Blitz der Erkenntnis in ihren Geist ein, sie schrie aus ganzem Herzen auf und ihr Gesicht strahlte vor Freude:

„Das ist es doch, das ist es!"

Liebe war überrascht über die heftige Reaktion von Verliebtheit, doch beglückt über ihre Freude.

„Was hast du entdeckt?"

„Einiges! Aber wo fange ich am besten an, dort, wo du recht hast, oder dort, wo du dich irrst?"

Mit einer Handbewegung überließ Liebe Verliebtheit die Entscheidung.

„Gut, du hast natürlich recht, dass die Menschen Liebe sagen und Dinge meinen, die ihrem Wesen nach sehr verschieden sind; im Gegensatz zu Stühlen, die zwar verschieden sein können, aber ihrem Wesen nach gleich sind. So gesehen hast du recht, doch schau, auch wenn ‚Ich liebe' sich auf so viele verschiedene Sachen bezieht, so teilen sie doch alle eine Faszination von Schönheit, ein Begehren, eine Zuneigung, ein Aneignen und Habenwollen. So gesehen haben alle Formen von ‚Ich liebe' auch etwas Gemeinsames und daher sind sie auch wie die Stühle ihrem Wesen nach gleich."

Verliebtheit warf Liebe einen triumphierenden Blick zu.

Liebe, über alle Maßen von diesen scharfsinnigen Gedankengängen von Verliebtheit begeistert, sagte erfreut:

„Bravo, gut gemacht. Ich freue mich sehr, dass du selbst durch Nachdenken eine wichtige Erkenntnis über die Menschen gewonnen hast."

Verliebtheit, die immer noch mit einem triumphalen Schmunzeln Liebe anschaute und die ihr schmeichelnde Bestätigung genoss, erwiderte vergnügt:

„Ich muss mich auch mal loben, denn nach all den traurigen Geschichten mit meinem Rucksack hätte ich auch nicht gedacht, dass ich so schnell das Wesen der Liebe erfassen würde."

Als Liebe das hörte, schob sich Nachdenklichkeit vor ihre Freude. Sie richtete ihren Blick an Verliebtheit und an den Bäumen hinter ihr vorbei und schwieg.

Diese Reaktion verunsicherte Verliebtheit ein wenig. Deshalb fragte sie mit einem leichten Kribbeln im Bauch:

„Stimmt etwas nicht? Eben warst du doch noch so begeistert und fröhlich. Hat sich daran etwas geändert?"

„Ja, stimmt. Ich hatte mich sehr über deine Erkenntnis gefreut, doch ich merke gerade, dass hier vielleicht ein Missverständnis vorliegt. Was du erkannt hast, ist das, was Menschen unter Liebe verstehen, aber nicht das, was Liebe selbst ist.

Was du erkannt hast, ist zwar sehr wertvoll und wichtig, doch es sagt nur etwas über die Menschen und nichts über die Liebe selbst aus. Und in der Tat ist das, was die meisten Menschen unter Liebe verstehen, etwas ganz anderes als das, was ich als Liebe verkörpere."

Der leere Blick von Verliebtheit, ihre Sprachlosigkeit und Enttäuschung waren nicht nur deutlich sichtbar, sondern sogar verständlich. Denn das Wesen der Liebe war dem Wesen der Verliebtheit nicht zugänglich und weit von ihr entfernt. Nicht aus bloßem Trost, sondern um

Verliebtheit aus ihrer Sprachlosigkeit zu befreien, schlug Liebe vor:

„Lass uns gemeinsam schauen, was Schönheit und Grün bedeuten, dann wird es klarer, was ich meine, wenn ich vom Wesen der Dinge spreche. Vor allem wird dann auch klarer, warum es nicht nur dir, sondern jedem Menschen schwerfällt, das Wesen der Dinge zu erfassen, ganz zu schweigen vom Wesen der Liebe. Schau, du, ich und jeder andere weiß, dass Gras und Bäume grün sind, weil wir das Grün sehen. Ein Mensch, der blind geboren ist, wird zwar auch wissen, dass Gras und Bäume grün sind, aber er wird keine Vorstellung davon haben, was Grün ist, weil er Grün nie gesehen und erlebt hat. Doch auch wer nicht blind ist und das Grün sieht, kann trotzdem nicht beschreiben, was Grün ist. Du siehst: Sowohl dem Blinden als auch dem Sehenden bleibt das Wesen des Grüns verborgen. Du erinnerst dich, Menschen haben Worte erfunden, um die Dinge zu benennen, und zu mehr sind Worte nicht imstande. Das Wort Grün ist eben nur ein Name, eine Bezeichnung, die Menschen verwenden, um eine Farbe von anderen Farben zu unterscheiden, doch das Wort Grün beschreibt nicht das Wesen des Grüns. Genauso ist es mit der Schönheit. Auch die Schönheit der Blumen, der schwarzen Augen und der Sonnenuntergänge ist mit Worten nicht zu erfassen. Ich hoffe, jetzt ist eher verständlich geworden, was ich damit meine, dass das Wesen der Dinge verborgen und schwer zu beschreiben ist. Vielleicht kannst du dir den Unterschied, was Liebe an sich und in Wahrheit ist, und was es heißt, wenn Menschen von Liebe reden, so vorstellen: Das Licht, dem die Pflanzen, Tiere und Menschen ihr Leben verdanken, kommt von der Sonne, doch es ist nicht die Sonne selbst. Auch die Liebe einer Mutter zu ihrem Kind, einer Frau zu ihrem Mann, die erotische Verschmelzung und der Zauber eines Sonnenuntergangs sind Strahlen von der Sonne der Liebe, doch nicht die Liebe selbst."

Der Gesichtsausdruck von Verliebtheit vermittelte Fragen, weshalb Liebe diese Gedanken noch weiter vertiefte.

„Um noch einmal auf deine Erkenntnis zurückzukommen: Es ist richtig, dass alle Ausdrucksformen von ‚Ich liebe' mehr oder weniger etwas Gemeinsames vermitteln wie Begehren, ein Bejahen oder etwas schön und zauberhaft zu finden, sogar etwas haben, gar besitzen zu wollen. Liebe in ihrer Ganzheit und Vollkommenheit ist jedoch etwas ganz, ganz anderes als ‚Ich liebe dieses oder jenes'. Liebe ist viel, viel mehr als all das, was wir aufgezählt haben – mehr als Liebe zur Heimat und mehr als Liebesnächte und mehr als die Liebe einer Mutter zu ihrem Kind und als die Anziehung schöner Augen. All das ist ein Becher, der mit dem Wasser aus dem Ozean der Liebe gefüllt ist, Liebe aber ist der Ozean selbst, mit unendlichen Ufern und unendlichen Tiefen, und jeder bekommt von diesen Ozean so viel, wie in den Becher hineinpasst, den er mitbringt."

Die Geburt der Macht

Der Weg, den Liebe und Verliebtheit entlanggingen, führte zu einer hölzernen Brücke über einen flachen Bach mit klarem und sanft plätscherndem Wasser. Die Ufer waren dicht mit Schilf und Gräsern, mit Brennnesseln und wilden Blumen bewachsen. Sonnenstrahlen schienen durch die Blätter bis zum Bachbett und bunt schimmernde Libellen schwirrten in alle Himmelsrichtungen. Ein kleines Stück Paradies. Als Liebe und Verliebtheit an dieser Brücke ankamen, blieben sie, als hätten sie es abgesprochen, stehen, lehnten sich über das Geländer und verfolgten das Treiben rund um den Bach.

Im Vergleich dazu, was Liebe sein könnte, die Sonne, so unerreichbar fern, der Ozean, so unendlich groß, kam sich Verliebtheit so klein und nichtig vor und flüsterte vor sich hin:

„Ich bin wohl immer noch da, wo ich schon immer gewesen bin und weit von der Liebe entfernt."

„Oh nein, du hast schon den ersten Schritt zur Liebe getan, denn du weißt jetzt, das Licht ist nicht die Sonne und ein voller Becher nicht der Ozean. Du bist viel weiter als jemals zuvor."

„Obwohl ich mich wirklich sehr darüber freue, dass ich weiter bin, frage ich mich allerdings: weiter wovon und näher woran?"

Liebe fand diese Äußerung von Verliebtheit nicht nur witzig, sondern auch scharfsinnig. Deshalb schmunzelte sie und antwortete darauf:

„Wirklich eine gute Frage. Du bist da weiter, wo sich deine Gedanken nicht mehr ausschließlich um deinen Rucksack drehen. Und näher bist du am Verstehen, Begreifen und Aufnehmen, auch wenn du es noch nicht merkst, du bist näher an der Leichtigkeit und der Unabhängigkeit, näher an …"

Verliebtheit ergänzte den Satz von Liebe: „Und näher an der Liebe!", und war sehr überrascht, dass Liebe nicht sofort zustimmte, denn Liebe schwieg nur. Dieses Schweigen verunsicherte Verliebtheit und sie vermittelte dies, ohne zu zögern:

„Jetzt bin ich aber wirklich sehr enttäuscht, denn eigentlich war ich überzeugt davon, dass wir uns nähergekommen sind."

„Menschlich ja, aber nicht, was unser Wesen betrifft. Du hast ja selbst an den Beispielen Grün und Schönheit erfahren, dass das Wesen der Dinge ..."

Da hob Verliebtheit ihre Hand.

„Ich mag jetzt nicht mehr weiterhören."

Sie verspürte gemischte Gefühle. Einerseits war sie traurig, dass sie Liebe nicht so nah war, wie sie gedacht hatte. Andererseits war das Gefühl der Bestätigung durch das Lob, dass sie jetzt viel weiter sei, sogar weiter als jemals zuvor, größer als ihre Enttäuschung und die Freude größer als die Trauer. Deshalb war sie beschwingt und ging ihrem Spieltrieb nach. Sie hob ein paar kleine Steine auf, lehnte sich erneut über das Geländer und versuchte, ein paar lose Blätter, die unter der Brücke vorbeischwammen, zu treffen.

Das Geräusch, das die fallenden Steine beim Aufprall auf das Wasser erzeugten, machte Verliebtheit mit großem Vergnügen nach: „Flopp, flopp, flopp", und dabei lachte sie.

Plötzlich flog eine ziemlich große Libelle dicht an ihrem Gesicht vorbei. Verliebtheit erschrak und beugte sich reflexartig nach hinten. Durch das Gewicht ihres Rucksacks verlor sie ihr Gleichgewicht und trotz des Bemühens von Liebe, sie festzuhalten, fiel sie hin. Ihr Rucksack verhinderte jedoch, dass sie mit dem Hinterkopf aufprallte und sich dabei verletzte.

„Da war ja wieder ein Flopp!", sagte Verliebtheit lachend und stand auf. Sie fuhr sich mit ihren Fingern durch die Haare, um trockene Blätter und Sonstiges daraus zu entfernen, und meinte mit einem verschmitzten Lächeln:

„Na siehst du, wenn ich meinen Rucksack nicht gehabt hätte, hätte ich mir ganz schön wehgetan."

„Wer weiß. Wenn du keinen Rucksack getragen hättest, hättest du vielleicht dein Gleichgewicht gar nicht erst verloren und wärest auch nicht hingefallen."

Verliebtheit ging nicht auf das ein, was Liebe gesagt hatte, und reagierte nur mit einer abweisenden Handbewegung.

„Apropos mein Rucksack: Mir fällt gerade ein, du bist mir noch eine Antwort schuldig. Du weißt doch, was meine Spielzeuge alles mit mir anstellen. Du hast es ja auch selbst erlebt. Deshalb hatte ich dich nach unserem Ratespiel gefragt, ob du mir helfen könntest. Ich wollte von dir wissen, warum sich meine Spielzeuge so etwas erlauben, und warte immer noch auf eine Antwort von dir."

Mit Bedauern im Gesicht, aber Gewissheit in der Stimme erwiderte Liebe:

„Deine Spielzeuge erlauben sich deshalb so etwas, weil sie die Erlaubnis dazu bekommen haben."

Verliebtheit, die fest davon überzeugt gewesen war, dass Liebe sie jetzt trösten und das komische Benehmen ihrer Spielzeuge tadeln würde, war sichtlich enttäuscht über diese Antwort, die sie als wenig einfühlsam empfand. Sie gewann den Eindruck, dass Liebe eher Verständnis für ihre Spielzeuge als für sie selbst hatte, und so fragte sie empört:

„Auf wessen Seite stehst du eigentlich?"

„Natürlich auf deiner."

„Warum sagst du dann, dass meine Spielzeuge das Recht haben, mich so fertigzumachen?"

„Ich habe nicht gesagt, dass deine Spielzeuge das Recht dazu haben. Ich habe gesagt, dass sie die Erlaubnis dazu bekommen haben."

„Was soll das?! Das ist doch das Gleiche. Ich glaube, du spielst gern mit Worten."

„Nein. Ich spiele nicht mit Worten, sondern ich fülle die Lücken, die sie hinterlassen."

„Du meinst wie ein Zahnarzt?"

„Wenn du es so sehen willst, ja. Wie ein Zahnarzt. Denn Lücken, die offen bleiben, werden zu Quellen der Fäulnis."

„Schon gut", erwiderte Verliebtheit. Sie schluckte die plötzliche Empfindung von Leere in ihrem Mund herunter und verlangte entschieden:

„Nun sag doch endlich, wer meinen Spielzeugen das Recht gibt, mit mir zu spielen, und die Macht, über mich zu bestimmen!"

„Du selbst. Du gibst ihnen das Recht, mit dir zu spielen, du gibst ihnen die Macht, weil du sie brauchst. Denn das, was du brauchst, hat Macht über dich."

Mit zusammengezogenen Augenbrauen erwiderte Verliebtheit leise, aber wütend:

„Was für ein Unsinn! Ich liebe meine Erinnerungen und meine Sehnsüchte, vor allem aber meine Hoffnungen, auch wenn sie mich manchmal ärgern. Genau wie eine Mutter, die ihre Kinder liebt, auch dann, wenn sie manchmal nicht artig sind. Ich bin froh, dass ich sie habe, und es ist mein freier Wille, dass ich sie brauche. Daher kann von einer Macht, die sie über mich haben sollen, nicht die Rede sein."

„Ich glaube dir, dass du deine Erinnerungen liebst – aber nur ihre schöne Seite. Doch ihre hässlichen Seiten sind ja auch da! Ich glaube dir, dass du deine Hoffnung brauchst wie eine wärmende Decke im kalten Frost deiner einsamen Stunden. Was passiert aber, wenn sich deine Hoffnung in Enttäuschung verwandelt? Dann bist du frustriert, wütend und leidest."

In diesem Moment schaute Liebe sich auf dem Boden um, nahm ein großes Blatt und reichte es Verliebtheit mit der Bitte: „Nimm die beiden Seiten dieses Blattes auseinander und lege jede Seite auf eine meiner Hände."

Da guckte Verliebtheit ungläubig und bemerkte verwundert:

„Wie soll das denn gehen? Es ist doch unmöglich die beiden Seiten eines Blattes voneinander zu trennen."

„Genau das versuchst du jedoch mit deinen Hoffnungen. Für dich ist Hoffnung nicht ein Blatt mit zwei Seiten, sondern nur die eine Seite, die schöne Seite, die deine Hoffnung ausmacht. Jedes Blatt hat aber immer zwei voneinander untrennbare Seiten. Es gibt auch die hässliche. Ich habe ja gesehen, was passiert ist, als deine verwandelte Hoffnung wieder in den Rucksack hineinschlüpfte. Du hast hilflos zugesehen und hattest keinen Einfluss darauf und keine Macht, es zu verhindern. Die Macht, die du verloren hast, haben jetzt deine Spielzeuge; daher kommt die Macht, die sie über dich haben …"

„Was erzählst du da? Das ist doch völlig normal! Wenn zum Beispiel zwei starke Männer über mich herfallen, um meinen Rucksack zu klauen, kann ich mich ja auch nicht dagegen wehren, weil sie stärker sind und Macht über mich haben ..."

An dieser Stelle schwieg Verliebtheit, weil sie nicht mehr wusste, was sie mit ihrem Beispiel, das sie eben noch so vehement vorgetragen hatte, eigentlich sagen wollte. Darüber ärgerte sie sich und empfand die Situation als ziemlich peinlich. Liebe rettete die Situation jedoch, indem sie das Wort ergriff:

„Ich finde das Beispiel mit den starken Männern sehr gut, denn es bringt auf den Punkt, dass es eine Art von Macht gibt, deren Quelle außerhalb von dir liegt und auf die du nicht immer Einfluss hast. Ich meinte aber eine andere Art von Macht. Die Macht, deren Quelle in dir selbst liegt, die Macht, die dich innerlich ohnmächtig macht. Das ist die Macht, die alles hat, was du brauchst. Was du brauchst, raubt dir deine innere Freiheit und gewinnt Macht über dich ..."

Schon wieder wollte Verliebtheit den Rest nicht mehr hören und warf schweigend einen letzten Blick auf den Bach. Ohne Liebe noch eines Blickes zu würdigen, ging sie weiter und Liebe folgte ihr.

Vom Brauchen und Lieben

Verliebtheit kannte Liebe und ihren Lebensweg noch lange nicht. Schon die kurze Zeit aber, die sie mit Liebe verbracht hatte, gab ihr das Gefühl, dass Liebe wusste, was sie sagte, und nicht einfach so daherredete. Und die leise Stimme in ihr meldete sich wieder: ‚Wenn Liebe sagt ‚Was du brauchst, hat Macht über dich', dann muss es einen Sinn haben und etwas Wahres daran sein.' Diese leise Stimme ging jedoch in einem donnernden Sturm tiefen Unverständnisses unter. Alles, worüber sie gesprochen hatten, war verblasst, denn Verliebtheit vergaß wieder, was sie nicht akzeptieren wollte. Sie konnte es nicht akzeptieren, weil ihr Herz damit nicht einverstanden war. Daher sagte sie:

„Wir sprachen gerade über meine Spielzeuge, über meine Hoffnungen, meine Enttäuschungen und Erinnerungen und darüber, dass sie mich manchmal wütend und traurig machen. Das sind Dinge, die mir am Herzen liegen. Du aber erzählst mir etwas von Brauchen! Was haben meine zarten Gefühle mit Macht und Brauchen zu tun? Weiß Gott, dass ich Dinge, die mein Leben vermiesen, nicht brauche, und wenn du glaubst, dass die ganze Misere angeblich vom Brauchen kommt, dann erkläre es bitte auch so, dass es verständlich ist!"

„Du hast vollkommen recht. Ohne jegliche Vorbereitung ist nicht verständlich und nicht einzusehen, warum man überhaupt Erinnerung und Hoffnung braucht, und erst recht nicht, dass sie Macht über einen gewinnen können, weil man sie braucht. Vielleicht helfen ein paar Geschichten oder Spiele aus dem Leben, die auch irgendwie von deinen Spielzeugen handeln, Spiele, die durchschaubar sind und die Verbindung zwischen Macht und Brauchen verdeutlichen. Nun, welches Spiel nehmen wir am besten?"

Nach kurzem Überlegen fuhr Liebe fort:

„Ich denke das Trinkspiel, ein häufiges Spiel, ist ein gutes Beispiel. Das nehmen wir. Wenn jemand hin und wieder auf einem Fest oder bei einem guten Essen ein oder zwei Gläser Wein trinkt, tut er das, weil es ihm schmeckt und ihm Spaß bereitet. Er macht das aus Freude. Dieses Trinkspiel ist ein schönes, gutes und gesundes Spiel. Er kann immer wieder, wenn er Lust dazu hat, dieses Spiel spielen und immer wieder Freude daran haben und es auch beenden, wann immer er möchte.

Wenn jemand aber das Trinkspiel nicht mehr aus Freude spielt, sondern auch dann, wenn er dadurch seinen Kummer vergessen will, oder wenn er ein Problem hat und glaubt, es nicht anders lösen zu können, und sich mit dem Trinkspiel betäubt, dann bekommt dieses ein Eigenleben. Es verselbstständigt sich. Es bekommt Gewohnheitsrecht – aus dem Genuss wird Gewohnheit und aus der Gewohnheit ein Recht – und von diesem Recht macht es auch regelmäßig Gebrauch.

Dann muss dieser Mensch das Trinkspiel immer wieder spielen, obwohl es kein Spiel mehr ist, weil er nicht mehr über die freie Entscheidung verfügt, sondern sich dazu gezwungen fühlt. Du siehst, was einmal ein süßes Spiel war, ist jetzt eine mächtige Gewohnheit. Jetzt muss er trinken, weil er es braucht. Er sucht es. Deshalb tragen auch die mächtigen Gewohnheiten den Namen Sucht. Wenn du willst, kannst du an diesem Beispiel überdeutlich sehen, wie mächtig ein Brauchen sein kann. Und das ist es, was ich meinte: Was du brauchst, hat Macht über dich."

Nach einem flüchtigen Blick auf den Rucksack fuhr Liebe sanft und vorsichtig fort:

„Ich glaube, das ist auch das, was du jetzt mit deinen Spielzeugen erlebst. Du glaubst, du brauchst deine Spielzeuge, und das glaubst du seit eh und je. Daher hast du dich an diesen Glauben gewöhnt und aus deinem Glauben ist eine Routine, ja eine Sucht geworden, eine Überzeugung, die nichts anderes ist als ein versteinerter Glaube. Es ist zu einer Sucht für dich geworden, dass du deinen Rucksack mit dir herumträgst, und Sucht ist ein Diktator, er befiehlt und du gehorchst.

Um es mit deinen Worten zu sagen: Du wirst ein Spielzeug deiner eigenen Spielzeuge. Und mit meinen Worten: Du brauchst deine Spielzeuge und deshalb haben sie Macht über dich."

Aus dem Gesichtsausdruck von Verliebtheit entnahm Liebe, dass Verliebtheit in ihrem Herzen mit all dem noch lange nicht einverstanden war. Liebe wusste, dass Verliebtheit ihre Worte verstand, doch sie wusste auch, dass Verliebtheit weniger nach ihrem Verstand, sondern vielmehr nach ihren Gefühlen lebte, und dass der Weg vom Kopf zum Herzen, von den Gedanken zu den Gefühlen ein langer Weg war. Daher brauchte es auch seine Zeit, bis das Verstehen im Kopf das Fühlen im Herzen erreichte.

Kaum hatte Liebe ihre Gedanken zu Ende gedacht, da kam auch schon der Vorwurf von Verliebtheit:

„Wie kommst du dazu, meine zarten Gefühle der Hoffnung, meine Erinnerungen, all das, was mir heilig ist und mein Leben ausmacht, mit der Sucht eines Säufers zu vergleichen?! Kein Wunder, dass ich am Ende so schlecht abschneide. Wie wäre es denn, wenn du mich und mein Leben und meine Spielzeuge mit etwas Zartem, Schönem, etwas, das Freude macht, vergleichen würdest? Dann stünde ich wohl ganz anders da!"

„Es tut mir leid, dass mein Beispiel dich verletzt hat. Es sollte dich nicht infrage stellen. Du solltest wissen: Du bist per se gut, so wie du bist, völlig unabhängig davon, was du machst oder was man über dich denkt und sagt. Schau, man muss grundsätzlich zwischen dem, was der Mensch ist, und dem, was der Mensch macht, unterscheiden. Was ein Mensch macht, kann falsch oder schlecht sein, aber nicht, der Mensch selbst. Der Mensch ist immer gut. Eine Ware beurteilt man anhand ihrer Qualitäten und Eigenschaften. Wenn eine Ware eine schlechte Qualität hat, dann ist auch sie selbst schlecht. Dieses Prinzip gilt aber nicht für den Menschen, denn ein Mensch ist keine Ware, er ist mehr als das, was er hat und was er tut. So wie du viel mehr bist als nur die Trägerin deines Rucksacks. In diesem Sinne sollte das Beispiel mit der Sucht nur verdeutlichen, dass die Sucht schlecht ist, aber nicht der Süchtige. Vor allem sollte Sucht ein Beispiel dafür sein, wie Macht und Brauchen zusammenhängen."

„Schon gut", sagte Verliebtheit ungeduldig und fügte hinzu:

„Lass uns das Ganze an einem anderen Beispiel durchspielen. Nimm doch Küssen, denn Küssen ist etwas Zartes, Schönes und etwas, das Freude macht. Vor allem passt Küssen viel besser zu mir als die blöde Sucht eines Säufers."

„In Ordnung. Nehmen wir das Küssen, auch ein sehr gern gespieltes Spiel. Wenn man aus Leidenschaft und mit Wonne küsst, ist es ein wunderschönes Spiel und es macht immer wieder Freude, solange es ein Spiel bleibt. Wenn Küssen aber anfängt, neben der Freude ein Zweck für etwas anderes zu sein, dann hört es auf, ein Spiel zu sein und aus Leidenschaft oder reiner Freude zu geschehen. Zum Beispiel kann ein Kuss den Zweck haben, sich begehrenswert und bestätigt zu fühlen. Weil man Bestätigung braucht, braucht man dann solche Küsse, die nach und nach zur Gewohnheit, zur Routine und zur Sucht werden können ..."

„Aber Küssen ist doch trotzdem schön und macht Spaß", murrte Verliebtheit trotzig.

„Ja, natürlich ist Küssen schön, wenn man es nur aus Freude tut. Denn Küssen ist nicht nur einfach eine Berührung der Lippen, es kann auch eine Berührung der Herzen, eine Verschmelzung der Seelen sein. Dann ist Küssen wunderschön und ein Geschenk des Himmels. Doch man küsst nicht immer aus Freude. Küssen kann auch als Versprechen, als wortloser Vertrag gelten, als Pflicht oder als eine Brücke aus Hoffnung angesehen werden. Über solche Brücken zu gehen und sich auf solche Versprechen zu verlassen ist eine unsichere Sache. Also, nicht der Kuss als solcher, der Freude macht, wird zur Sucht, sondern das zweckgebundene Küssen macht süchtig."

„Mein Gott! Genießen, Brauchen, Küssen mit oder ohne Zweck – wie soll ich das alles auseinanderhalten? Ich fühle sie ja nicht als getrennte Dinge. Ich habe immer wieder etwas anderes erlebt: Wenn ich verzweifelt oder einsam war und Angst hatte und aus lauter enttäuschter Hoffnung, Sehnsucht und Suche fast verrückt wurde, da gab es immer ein Heilmittel: Küssen. Durch Küssen bekam meine Hoffnung erneute Nahrung und der Durst meiner Sehnsucht wurde gestillt. Ich fühlte mich dann nicht mehr einsam, hatte keine Angst mehr, die Vergangenheit war vergangen und die Zukunft ein schöner Traum. Aber so, wie du das Küssen siehst, und was bloßes Küssen alles sein könnte, das ist schon ganz anders als das, was ich empfinde."

„Erinnerst du dich: Ich war selbst einmal eine Verliebtheit. Daher kenne ich deine Gedanken und Gefühle, deine Bedürfnisse und dein Brauchen, die nötigen und die unnötigen, deine Hoffnungen und deine Ängste. Neben der Frage, wer mich einmal pflegen soll, wenn ich alt oder krank werde, habe ich mich vor allem danach gesehnt, dass man mich begehrt und mir sagt, dass ich gut und wertvoll bin, dass man mich bewundert und mir das Gefühl gibt, liebenswert zu sein. Ich brauchte jemanden, der mir zuhörte, mir half, meine Probleme zu lösen, und mich tröstete, wenn ich traurig war und Kummer hatte. Und wenn ich sehr traurig war, habe ich mich verzweifelt gefragt, was überhaupt der Sinn meines Lebens ist, und geglaubt, ich bräuchte den anderen, um diese Frage zu beantworten.

Die Wahrheit aber ist: Ich brauchte ihn meistens dafür, um diese Frage zu vergessen. All das war auch mein Brauchen. Genau wie du jetzt wusste ich damals auch nicht, dass sich hinter jedem Kuss, der nicht nur ein Kind der Leidenschaft und Freude war, ein Stückchen Hoffnung und Versprechen verbarg. Hoffnung, dass der andere mir das gab, was nur ich selbst mir geben konnte. Je mehr ein Kuss nach einer solchen Hoffnung schmeckte, umso emsiger küsste ich. Nicht das Küssen selbst, sondern die verborgenen Wünsche, Erwartungen und Bedürfnisse, also das Brauchen hinter dem Küssen, war die eigentliche Verbindung zum anderen, der letztlich für mein Brauchen herhalten musste. Ich war abhängig von meinem Brauchen und deshalb abhängig vom anderen. Solche Küsse waren nur die Brücke zum anderen, eine Art Bindemittel."

Nach diesem Bekenntnis schwieg Liebe einen Augenblick, schaute Verliebtheit in die Augen, nahm ihre Hand und erklärte sehr besänftigend:

„Du siehst, auch ich habe wie du nicht immer aus Leidenschaft geküsst. Solche Küsse haben mich wie ein Schmerzmittel kurzfristig befreit, doch die Ursache des Schmerzes nicht geheilt. Ich kann dir aus meiner Erfahrung sagen, dass Schmerzmittel auch süchtig machen können. Wenn du aber aufhörst, dir mit Schmerzmitteln zu behelfen, dann kannst du auch die Ursache deines Schmerzes, dein Brauchen, überwinden."

Verliebtheit fragte nach einem langen Schweigen:

„Und wenn ich nichts mehr brauche?"

„Dann brauchst du auch den anderen nicht."

Der Gedanke, dass man nicht leben kann, ohne etwas oder jemanden zu brauchen, war für Verliebtheit so plausibel, so selbstverständlich, dass sie dachte: ‚Entweder irrt sich Liebe total oder ich selbst habe etwas falsch verstanden.'

Verliebtheit entschied sich jedoch dafür, dass es Liebe sein müsse, die sich irrte, und war fest entschlossen, Liebe die Augen zu öffnen und den Unsinn zu klären. Deshalb stellte sie Liebe die naheliegende Frage, die sie sich selbst gestellt hatte:

„Kannst du mir bitte diesen Unsinn erklären?! Wie soll man überhaupt leben, ohne etwas zu brauchen, und was in Gottes Namen ist daran so schlimm, so verwerflich, jemanden zu brauchen? Das ist doch wohl das Normalste auf der Welt!"

„Ja, du hast recht, zum Leben und Überleben braucht man dieses und jenes, den einen oder den anderen, doch es geht nicht nur ums Überleben, sondern um die Liebe. Du wolltest doch Liebe sein und lieben, darum geht es."

„Das ist richtig, aber warum trennst du Lieben und Brauchen? Die gehören doch zusammen!"

„Oh nein, ganz im Gegenteil! Sie haben miteinander überhaupt nichts zu tun. Sie schließen sich sogar aus. Was man braucht, kann man nicht lieben."

Verliebtheit ließ sich diesen Gedanken durch den Kopf gehen und wiederholte ihn leise ein paar Mal: „Was man braucht, kann man nicht lieben. Was man braucht, kann man nicht lieben."

Dabei verspürte sie großes Unbehagen. Einerseits stand dieser Gedanke in vollem Widerspruch zu all dem, was sie zuvor je gehört und erfahren hatte, also konnte die Behauptung von Liebe, man könne das nicht lieben, was man brauche, nicht ganz stimmen. Andererseits spürte sie, dass dieser Gedanke sehr bedrohlich wirkte und sie in hohem Maße beunruhigte, und sie fragte sich, wie es sein konnte, dass so etwas Unsinniges sie derart verunsicherte und beängstigte. Dieses Unbehagen, das Verliebtheit sehr vertraut war, nannte sie ‚die Murmeln in meinem Bauch', die jetzt ganz schön ins Rollen gekommen waren.

Verliebtheit wollte diese Gedanken unter keinen Umständen akzeptieren. Ein sicheres Mittel, etwas nicht zu akzeptieren, war für sie, es gar nicht erst zu verstehen. Da sie diese Kunst des Verdrängens schon immer sehr gut beherrscht hatte, gelang es ihr auch jetzt, nicht zu verstehen, was sie nicht akzeptieren wollte. Wirklich glücklich war sie damit allerdings auch nicht. Eine leise Ahnung war trotzdem da, die Ahnung, dass etwas Wahres dran sein könnte: Was man braucht, kann man nicht lieben.

So wie Verliebtheit eben war und durch die Art und Weise, wie sie lebte, geriet sie mit geradezu schicksalhafter Regelmäßigkeit in solche Situationen, in denen sich ihre Gedanken und Gefühle widersprachen, und nie wusste sie, ob sie etwas bekämpfen oder annehmen sollte. Sie hatte sich zu oft in solch einem Gewühl von Gedanken und Gefühlen befunden, in dem beide, mal abwechselnd, mal gleichzeitig, mal laut, mal leise, auf sie einredeten, sodass Verliebtheit nie richtig wusste, auf welche Stimme sie nun hören und welcher sie misstrauen sollte. Und sie folgte mal der einen und mal der anderen, und nie waren ihr Kopf und ihr Herz sich einig.

Das waren eben die Murmeln in ihrem Bauch, mit denen sie nicht richtig umgehen konnte. Sie wollte jedoch nicht, dass Liebe all das erfuhr, weil sie Angst hatte, ihr Gesicht zu verlieren. Denn sie war noch nicht so weit zu wissen, dass man sein Gesicht nie verlieren kann, sondern nur die Maske, hinter der man sein Gesicht versteckt. Sie konnte noch nicht zwischen ihrer Maske und ihrem Gesicht unterscheiden und getraute sich daher nicht, ihr Gesicht zu zeigen und einfach sie selbst zu sein. Aus diesem Gefühlsaufruhr heraus konnte sie Liebe keinen klaren Gedanken entgegensetzen und dachte, sie könne sich am besten aus der Affäre ziehen, wenn sie Liebe erst einmal einen Vorwurf machte. Daher sagte sie mit aufgesetzter Distanziertheit:

„Einerseits machst du den Eindruck, als wärst du davon überzeugt, wenn du etwas sagst. Außerdem fühle ich, dass du mich magst und bemüht bist, mir die Dinge so zu erklären, dass ich sie verstehe. Das bringt mich ganz langsam dazu, dir zu glauben und dir zu vertrauen. Wenn du andererseits aber anfängst, Dinge, die selbstverständlich sind, auch noch infrage zu stellen, dann bekomme ich Zweifel und weiß nicht mehr, was ich von dir halten soll."

„Oh, das tut mir leid. Welche Selbstverständlichkeit habe ich denn infrage gestellt?"

„Das fragst du noch?!", erwiderte Verliebtheit verwundert und fügte hinzu:

„Klar und deutlich, damit du weißt, was du infrage gestellt hast: Du sagst: ‚Was ich brauche, kann ich nicht lieben.' Ich sage aber: ‚Was ich liebe, das brauche ich auch, und das ist doch mehr als selbstverständlich.' Du siehst, da kann doch etwas nicht stimmen. Es verwirrt nur unnötig!"

Besänftigend antwortete Liebe:

„Du hast insofern recht, als dass meine Behauptung, ‚Was man braucht, kann man nicht lieben', erst einmal verwirrt, doch diese Aussage ist richtig und ich versuche es dir zu erklären. Schau, wir haben schon ein paarmal über die Liebe gesprochen und immer wieder das Wort ‚Liebe' benutzt. Wenn du aber von Liebe sprichst, meinst du etwas anderes, als wenn ich von Liebe spreche ..."

Da kam auch schon der Protest von Verliebtheit, bevor Liebe ihren Gedanken zu Ende führen konnte:

„Was heißt das ‚Wenn du von Liebe sprichst', ich bin doch nicht die Einzige, die von Liebe spricht. Jeder Mensch liebt etwas und jeder spricht auch von Liebe."

„Das ist richtig, du sprichst wie jeder andere Mensch auch von Liebe, doch wenn du als Paradebeispiel für die Menschen von Liebe sprichst, dann meinst du deine Gefühle, deine Gedanken, deine Wünsche und Sehnsüchte. Diese Dinge haben wir vorhin schon besprochen, als ich dich bat, Schönheit, Grün oder einen Stuhl zu erklären, und es darum ging, was Menschen unter Liebe verstehen. Wir haben gesehen, wenn Menschen von Liebe sprechen, dann sprechen sie von ihrer Bindung zu irgendetwas oder zu irgendjemandem. Ihre Liebe hat immer ein Objekt – ein Objekt ihrer Begierde. Ihre Liebe ist der Zustand ihrer Befindlichkeit und der Zustand des Habenwollens. Wenn ich aber von Liebe spreche, meine ich nicht die Liebe zu einer Person oder zu sonst irgendetwas. Liebe in meinem Sinne ist ein Seinszustand, unabhängig von der Zeit und Situation. Liebe ist jenseits ..."

„Wenn du so abhebst, denke ich, du willst nur recht behalten und behauptest deshalb Dinge, die nicht stimmen können."

Nach einem kurzen Schweigen setzte Verliebtheit fast etwas ermahnend hinzu:

„Also, hör genau zu. Ich sage es noch einmal: Was ich liebe, das brauche ich auch. Du sagst aber, was ich brauche, kann ich nicht lieben. Erkläre mir doch bitte diesen Widerspruch, um nicht zu sagen, diesen Unsinn!"

„Glaub mir, ich würde zugeben, wenn es nicht stimmen würde. Doch es stimmt. Es geht mir nicht darum, recht zu behalten; es geht um einen großen Unterschied in der Bedeutung, einen Unterschied zwischen dem Wesen des Brauchens und dem Wesen der Liebe, die Welten voneinander entfernt sind. Dass man das nicht lieben kann, was man braucht, ist absolut richtig. Wenn du aber sagst: ‚Was ich liebe, brauche ich auch', ist das nur unter der menschlichen Auffassung von Liebe verständlich und zuweilen auch gut. Deshalb braucht eine liebende Mutter auch ihr Kind – und zwar nur deshalb, weil Liebe am Anfang steht und das Brauchen ihr folgt. Bei der Aussage ‚Was du brauchst, kannst du nicht lieben' steht dagegen das Brauchen am Anfang, und was auf das Brauchen folgt, ist Not und im günstigsten Falle eine Notwendigkeit.

Eine Notwendigkeit für den Alltag, für das Überleben und Funktionieren, doch das hat mit Liebe nichts mehr zu tun."

„Da stimmt immer noch etwas nicht. Wenn man die Reihenfolge der Worte oder Dinge ändert, dann ändert sich doch nicht deren Inhalt. Wenn ich sage, ein Elefant ist größer als eine Maus oder eine Maus kleiner als ein Elefant, dann ist das doch jedes Mal das Gleiche. Deshalb verstehe ich nicht, was du da sagst."

„Schau, im Wort ‚größer' steckt schon drin, dass etwas kleiner ist, und das Wort ‚kleiner' schließt automatisch ein, dass etwas größer ist. Diese beiden Wörter repräsentieren sich gegenseitig und sind austauschbar, deshalb spielt die Reihenfolge keine Rolle. Lieben und Brauchen sind jedoch grundverschieden, keines von ihnen repräsentiert das andere. Deshalb kann man bei Brauchen und Lieben die Reihenfolge nicht tauschen. Vielleicht wird diese scheinbar untrennbare Verschmelzung von Liebe und Brauchen klarer, wenn man zum Vergleich das Prinzip von Ursache und Wirkung heranzieht. Nach deiner Auffassung sind sowohl Brauchen als auch Lieben gleichzeitig Ursache und Wirkung, doch nach meiner Auffassung ist keines von beiden die Ursache oder die Wirkung des jeweils anderen."

„Meine Auffassung – deine Auffassung – Auffassung als solche, Ursache und Wirkung ... Das kommt mir wie eine Philosophiestunde vor. Ich verstehe diese Dinge nicht und es liegt mir nicht, so mit ihnen umzugehen. Ich hoffe, du hast Verständnis dafür."

„Selbstverständlich habe ich Verständnis dafür. Solche Schwierigkeiten sind manchmal aber unvermeidbar, wenn du mich begleitest. Wenn du jedoch die Geduld aufbringst und deine Abneigung ablegst und alles, was ich sage und was du mit mir erlebst, einfach auf dich wirken lässt, wirst du nach und nach erleben, dass du viel mehr verstehst, als du glaubst, dass du viel mehr kannst, als du ahnst, und dass du viel mehr bist als das, wofür du dich hältst."

Nach einem langen Seufzer setzte Liebe fort:

„Doch es liegt nicht an dir, dass diese Dinge, insbesondere diese Unterscheidung, dir schwerfallen. Lieben von Brauchen nicht zu unterscheiden ist einer der größten Irrtümer der Menschheit überhaupt. Ich glaube, dieser Irrtum kommt daher, dass der Lebensplan und die nahen alltäglichen wie auch die fernen Ängste, Wünsche und Ziele der Menschen keinen Platz mehr für die Liebe übrig lassen.

Um jedoch zu deinem verständlichen Problem zurückzukehren: Wenn weder klar ist, was Brauchen wirklich bedeutet, noch was Liebe ist, wie soll man sie dann vergleichen, geschweige denn unterscheiden?

Vielleicht hilft an dieser Stelle ein konkretes Beispiel, das den Unterschied zwischen Brauchen und der menschlichen Auffassung von Lieben veranschaulicht. Stell dir mal vor, du sagst, dass du jemanden liebst. Jetzt versuche mir zu erklären, was du damit meinst. Was bedeutet das für dich, wenn du sagst ‚Ich liebe ihn'? Warum sagst du, dass du ihn liebst?"

„Weil ich gern mit ihm rede, Zärtlichkeiten mit ihm austausche und er für mich sorgen wird, wenn ich alt und krank bin."

„Dann brauchst du das Gespräch, die Zärtlichkeiten, die Dienstleistung und die Sicherheit. Wo bleibt er?"

„Aber er ist doch derjenige, der mir all das gibt!"

„Was ist dann, wenn er nicht mehr mit dir redet, keine Zärtlichkeiten mit dir austauscht und dich nicht umsorgen möchte, wenn du alt und krank bist?"

Nach kurzem Zögern antwortete Verliebtheit leicht verunsichert:

„Eigentlich logisch, dann macht es auch keinen Sinn mehr, ihn zu brauchen, wenn ich ihn nicht mehr gebrauchen kann."

„Kannst du dann immer noch sagen, dass du ihn geliebt hast?"

Verliebtheit schwieg.

„Schau, Sachen sind nicht nur Dinge und Gegenstände, die man im Schrank aufbewahrt, auf den Tisch stellt oder im Safe einschließt. Gespräche, Zärtlichkeiten, Sicherheiten sind im Grunde auch nur Sachen, Dinge und nicht der Mensch selbst.

Solange du wegen dieser Sachen einen Menschen brauchst, brauchst du den Menschen nicht um seinetwillen, sondern eben nur um der Sachen willen. Wenn du sagst, du liebst ihn, heißt das in Wirklichkeit nur, du liebst die Sachen, die du von ihm bekommst. Genau genommen sagst du: ‚Ich liebe, weil …‘, doch Liebe im menschlichen Sinne müsste heißen: ‚trotzdem‘. Menschen, die dein Brauchen befriedigen, sind im Grunde austauschbar, nicht jedoch Menschen, die man liebt.

Aber mach dir keine Sorgen, der Tag ist lang und wenn du Lust hast, mich noch ein Weilchen zu begleiten, haben wir genügend Zeit und können in aller Ruhe über Lieben und Brauchen plaudern."

Nach einem kurzen Schweigen fuhr Liebe fort:

„Ich glaube, je mehr du über gutes und schlechtes Brauchen, ihre Vielfalt, ihren Sinn und Unsinn erfährst, und je mehr du mit meinen Augen das Brauchen und die Liebe siehst, umso besser wirst du verstehen, warum man nicht lieben kann, was man braucht. Du wirst auch eine befriedigende Antwort auf deine Frage ‚Wie soll man leben, ohne etwas zu brauchen?' erhalten."

Irgendwie schien das, was Liebe da erzählte, vielversprechend, dachte Verliebtheit. Was ihr aber besonders gefiel, war die Verheißung einer nahenden Klarheit. Deshalb war sie entspannt und äußerte fröhlich:

„Also, mit den Augen der Liebe zu sehen, das hört sich gut an. Dann erzähle mir doch etwas vom guten und schlechten Brauchen."

Vom guten und schlechten Brauchen

Die Sonne stand fast im Zenit. Ein schöner Sommertag streckte seine Flügel über die Landschaft. Hügel, flache Ebenen, Wiesen, Sträucher und Bäume, sanfter Wind, das Schwirren der Insekten, der Gesang der Vögel schmolzen zusammen zu einer lebendigen Schönheit. In diese Schönheit war der Weg eingebettet, an dessen Rand Verliebtheit und Liebe im Schatten eines großen Baumes saßen und ihren Gedanken nachgingen. Nach einer Weile fragte Liebe dann:

„Du wolltest ja etwas über das gute und das schlechte Brauchen wissen. Möchtest du noch, dass ich etwas dazu sage?"

Verliebtheit nickte und Liebe schaute nach oben, zeigte auf die tief hängenden und dicht belaubten Äste und fing an zu erzählen:

„Schau, dieser große Baum, unter dessen Schatten wir sitzen, dieser kleine bunte Käfer, der gerade über deinen Rucksack krabbelt, der Vogel, dessen Gesang wir gerade hören, alle diese Lebewesen brauchen Wasser zum Leben und sind davon abhängig. Diese Art des Brauchens, diese Abhängigkeit, ist eine Notwendigkeit. Daher ist dieses Brauchen ein gesundes und gutes Brauchen. Auch ein Säugling hat eine Reihe von Bedürfnissen, von Dingen, die er unbedingt braucht, und ist abhängig von seiner Mutter. Auch diese Abhängigkeit und dieses Brauchen sind notwendig und daher gut. Das Gleiche gilt auch für einen Menschen, der arbeitet und abhängig ist von dem Geld, das er verdient.

Ich könnte hunderte Beispiele von solchen Arten des Brauchens, Bedürfnissen und Abhängigkeiten bringen, die für das Leben, oder besser gesagt für das Überleben, notwendig sind ..."

Neugierig fragte Verliebtheit:

„Du willst doch jetzt nicht etwa behaupten, dass es eine Art des Brauchens gibt, die man lieber nicht brauchen sollte?"

„Doch, genau das will ich sagen, denn du wolltest ja nicht nur etwas über das gute, sondern auch etwas über das schlechte Brauchen wissen. In der Tat gibt es eine Menge Arten des Brauchens, die man weder zum Leben noch zum Überleben braucht, und es wäre gut, wenn man sie gar nicht brauchen würde."

Skeptisch erwiderte Verliebtheit:

„Brauchen, das man nicht brauchen sollte! Wie sieht denn so etwas aus? Nenn doch bitte mal ein paar Beispiele."

„Wie gesagt, es gibt viele Arten von Brauchen, solche, die für das Leben, die Selbst- und die Arterhaltung notwendig sind, und solche, die das Leben lebenswert machen. Und es gibt auch ein Brauchen, das sehr verborgen ist, und wiederum solche Arten, die das Leben schwer machen und …"

„Ist das wirklich notwendig, all dieses Brauchen zu kennen, um zu verstehen, warum ich nicht das lieben kann, was ich brauche?"

„Natürlich nicht. Man muss nicht alles kennen, um das Wesentliche zu verstehen. Wenn dein Ziel die Liebe ist, dann reicht es, erst einmal jenes Brauchen zu kennen, das mit Liebe verwechselt wird. Wenn du beispielsweise genau weißt, was Krankheit bedeutet, weißt du auch genau, was

Gesundheit ist. An der Grenze zwischen ihnen, dort wo das eine endet, fängt das andere an. So verhält es sich auch mit Lieben und Brauchen. Blindheit und Begrenztheit führen jedoch dazu, dass der Mensch die Grenze zwischen Lieben und Brauchen nicht erkennt und beide miteinander verwechselt – sogar bestimmte Arten des Brauchens und Bedürfnisse für Liebe hält."

Obwohl Liebe nur über Brauchen und Lieben sprach und kein Wort über Verliebtheit gefallen war, wurde Verliebtheit irgendwie unruhig und spürte wieder die Murmeln in ihrem Bauch. Sie dachte: ‚Brauchen schließt Lieben aus, und ich bin voller Brauchen, also finde ich keinen Zugang zur Liebe.'

Sie fand diesen Gedanken schrecklich und so bedrohlich, dass sie die Auseinandersetzung damit lieber aufschieben wollte. Deshalb schlug sie Liebe vor:

„Lass uns bitte erst einmal über das ganz normale Brauchen im Alltag sprechen. Solch ein komisches Brauchen, das mit Liebe verwechselt wird, schauen wir uns später an, einverstanden?"

„Na schön. Stell dir mal vor, es ist sehr kalt und du brauchst einen Mantel, um nicht zu frieren. Dieses Brauchen ist lebenserhaltend und daher notwendig und auch gut. Doch du möchtest sicher, dass dein Mantel auch gut aussieht, dass er dir passt, weich und kuschelig ist. Dieses Brauchen ist zwar für das Überleben nicht unbedingt notwendig, sorgt aber dafür, dass du dir einen schönen Mantel kaufst, in dem du nicht nur nicht frierst, sondern an dem du auch deine Freude hast. Wie gesagt, dieses Brauchen ist zwar nicht notwendig, aber trotzdem gut, weil die Freude dieses nicht notwendige Brauchen durchaus rechtfertigt."

Einerseits fand Verliebtheit spontan Gefallen an diesem Gedanken und ließ ihn auf ihrer Zunge zergehen: ‚Freude rechtfertigt ein nicht notwendiges Brauchen.' Doch andererseits erinnerte sie sich daran, wie oft man ihr wegen ihrer Freude Vorwürfe gemacht und wie oft sie selbst etwas bereut hatte, was sie einst aus Freude getan hatte; und zudem stellte sie auch noch fest, wie viele Freuden unmoralisch und eine Sünde sein sollten und welche sogar verboten waren. Sie konnte daher nicht so ganz verstehen, wie Liebe um alles in der Welt dazu kam, der Freude sozusagen einen Freibrief für jedes auch noch so unnötige Brauchen zu geben. Sie dachte, das könne wohl so nicht ganz stimmen, und fragte deshalb vorsichtig:

„Ist das wirklich so, kann ich mir jedes Brauchen und jedes Bedürfnis erlauben, bloß weil es mir Freude macht?"

„Solange es nur dich allein betrifft, ja. Du kannst arbeiten, lesen, ausgehen, faulenzen, allein bleiben, fasten, dich verlieben, philosophieren, Blumen züchten und vieles mehr. All das betrifft dich allein und all das kannst du machen oder lassen, wenn es dir Freude bereitet und nicht übertrieben wird. Wenn aber das, was dir Freude bereitet, auf Kosten eines anderen geht, oder wenn das, was dir Freude macht, die Gefühle von jemand anderem verletzt, oder wenn der andere, den du brauchst, um Freude zu haben, das nicht will, was du brauchst, dann rechtfertigt deine Freude nicht mehr dein Brauchen."

„Aber was ist, wenn mein Brauchen wirklich notwendig ist?"

„Was wirklich notwendig ist, muss auch getan werden – unabhängig davon, ob es Freude macht oder nicht. Ich denke, wenn etwas für dich wirklich wichtig ist, kann es dir sowieso kein anderer geben. Aber mach dir mal keine Sorgen. Wenn du deinen eigenen Weg weitergehst, werden Dinge, die für dich wichtig sind, und Dinge, die dir Freude bereiten, immer enger zusammenrücken."

„Warte bitte einen Moment, ich will kurz nachdenken." Und so ging Verliebtheit ihren Gedanken nach: ‚Erst ist die Freude eine Rechtfertigung für manches Brauchen, wenn es nur mich betrifft. Wenn jedoch das Brauchen eines anderen ins Spiel kommt, dann gelten wohl andere Maßstäbe als nur meine Freude. Aber woher soll ich bloß wissen, wann ein Brauchen wirklich notwendig ist? Warum benötigt ein nicht notwendiges Brauchen überhaupt die Freude als Rechtfertigung, und was rechtfertigt eigentlich die Freude selbst? Wenn ich etwas mache, weil es nur notwendig ist, dann tu ich ja nur meine Pflicht. Aber warum bloß ist dann die Pflicht nicht auch eine Freude? Und warum nicht die Freude eine Pflicht?'

Verliebtheit wunderte sich über sich selbst und die Art und Weise, wie sie auf einmal über verschiedene Dinge dachte, und fragte sich, ob es nicht Liebe war, die sie damit angesteckt hatte.

Obwohl diese Gedankenlawine über Verliebtheit rollte und sie unter ihrer Last fast erdrückte, wuchs ihr Verlangen zu verstehen, ihr Verlangen zu erfassen, ihr Verlangen, Liebe zu erfahren.

Aus dem langen Schweigen von Verliebtheit war ersichtlich, dass sie im Labyrinth ihrer Gedanken im Kreis lief. Liebe wollte ihre Kreise nicht stören und wartete geduldig, bis Verliebtheit selbst wieder das Wort ergriff.

„Wenn ich etwas brauche, das wirklich nötig und gut ist, dies aber ein solches Brauchen ist, das ich nur durch einen anderen befriedigen kann, nutze ich ihn dann nicht aus? Das kann doch nicht sein! Dann hieße doch jemanden zu brauchen automatisch, ihn zu missbrauchen?"

„Nicht zwingend, nicht von vornherein. Es kommt darauf an, welche Bedeutung dein Brauchen für den anderen hat. Komm, ich erzähle dir die Geschichte von zwei Menschen, die sich brauchten, ohne sich zu missbrauchen.

Es gab einmal eine Insel mit zwei Städten, eine im Norden der Insel und die andere im Süden. In der nördlichen Stadt lebte ein junger und begabter Ingenieur, der eine geniale Idee für eine nützliche und ganz neuartige Maschine hatte. So genial und wertvoll seine Idee auch war, er hatte keine Fabrik, kein Geld und keine Mittel, um sie zu verwirklichen. Deshalb war er sehr unzufrieden und unglücklich.

In der südlichen Stadt residierte ein sehr reicher Kaufmann mit vielen Geschäften und Ländereien. Er konnte alles kaufen und sich fast alles leisten. Er war ein tüchtiger Geschäftsmann, hatte ein Gespür für rentable Geschäfte und machte aus seinem vielen Geld immer noch mehr Geld und war damit sechs Tage in der Woche beschäftigt. Seine zweite Leidenschaft nach dem Geldverdienen war das Jagen, und damit verbrachte er den Rest der Zeit. Bei einem Jagdunfall, als er einem Fuchs auf einem Steilhang hinterhergaloppierte, fiel er vom Pferd und wurde schwer verletzt. Er lag mit gebrochenen Knochen und großen Schmerzen monatelang im Bett und war voller Sorge, ob er je wieder richtig laufen könnte. Er, der es gewohnt war, sich alles leisten zu können, musste nun mit Bitterkeit erfahren, dass sein Geld seine schief zusammengewachsenen Knochen nicht geradebiegen und er mit seinem Vermögen sein Schicksal nicht lenken konnte. In vielen Nächten, wenn er vor Schmerz und Sorge wach lag, wurde ihm die begrenzte Macht seines Vermögens bewusst, und die Frage nach dem Sinn des Geldes drängte sich ihm immer und immer wieder auf. So langsam musste er sich eingestehen, dass der Sinn des Geldes nicht darin liegen konnte, es nur zu vermehren, sondern … wofür dann? Diese Frage konnte er auch nicht beantworten und all sein Grübeln half ihm nicht weiter. Als er nach weiteren Monaten mühsam und hinkend wieder laufen konnte, fühlte er sich noch niedergeschlagener als zuvor. Er hatte zwar nicht sein Vermögen verloren, wohl aber die Leidenschaft, sein Vermögen zu mehren. Auf Empfehlung seiner Ärzte, erst einmal Abstand von allem zu nehmen, beschloss er, die Insel für eine Weile zu verlassen, und fuhr aufs Festland. Auf dem Schiff, das er genommen hatte, fuhr auch der geniale Ingenieur mit, der auf dem Festland nach einem Geldgeber für seine Erfindung suchen wollte. Beide wollten etwas trinken und saßen zufällig am selben Tisch. Als der Ober an ihren Tisch kam und freundlich fragte:

‚Was darf ich den Herrschaften bringen?',
antwortete der Kaufmann:
‚Bring mir ein Glas von einem Zaubertrank, der Wünsche erfüllt.'
‚Ich nehme dasselbe, aber gleich eine ganze Flasche', war die spontane Reaktion des Ingenieurs, worauf alle lachen mussten. Der Kaufmann und der Ingenieur kamen ins Gespräch und bald erkannten sie, dass jeder von ihnen der Zaubertrank für den anderen war. So fand das Vermögen des Kaufmannes einen Sinn durch die Erfindung des Ingenieurs und die Erfindung ihre Verwirklichung durch das Vermögen des Kaufmannes. Jeder brauchte das, was der andere zu bieten hatte, und aus der Verschmelzung ihres Brauchens wurde eine sinnvolle Sache – ähnlich wie bei zwei halben Ringen, die sich zu einem rollenden runden Ring ergänzen. Ich hoffe, dass diese Geschichte dir deutlich macht, wann aus einem Brauchen kein Missbrauchen wird."

„Das ist eine wirklich gute Geschichte und ich verstehe auch, was du mir damit sagen willst. Aber irgendwie finde ich mich darin nicht wieder. Weißt du, da ich weder ein reicher Kaufmann noch ein genialer Erfinder bin, sondern nur eine kleine suchende Verliebtheit, will ich natürlich eine Geschichte hören, die eher zu meinem Leben passt."

„Also gut. Mal sehen, was mir dazu einfällt."

Da überlegte Liebe ein Weilchen und erzählte schließlich folgende Geschichte:

„Es gab einmal eine Frau, die sich eine harmonische Familie, einen treuen Ehemann, zwei süße Kinder und ein kleines, schönes Häuschen wünschte, denn darin sah sie den Sinn ihres Lebens. Das waren all ihre Bedürfnisse und alles, was sie für ihr Glück brauchte. Und da gab es auch einen Mann, der schon immer von solch einer Frau geträumt hatte.

Eines Tages begegneten sie einander, ihre Wege kreuzten sich, wie man so sagt. Normalerweise trennen sich Wege wieder nach einer Weile, doch durch dich, durch deinen Zauber, wurden sie aneinander gefesselt. Mit anderen Worten: Sie haben sich verliebt und gingen eine Weile einen gemeinsamen Weg. Bevor du sie aber verlassen hast, was du ja irgendwann immer tust …"

Entsetzt protestierte Verliebtheit:

„Wieso ich? Was habe ich denn mit den beiden zu tun?"

„Ach, interessant. Als ich sagte, dass die beiden durch deinen Zauber aneinander gefesselt wurden, hast du geschwiegen, doch als es darum ging, dass du sie verlässt, dann passt es dir auf einmal nicht und du protestierst. Natürlich hast du mit den beiden etwas zu tun, sogar etwas ganz Entscheidendes. Aber nicht nur mit diesen beiden, sondern auch mit Millionen anderen Menschen, die sich verlieben. Es ist immer dein Werk, der betäubende Rausch, die anfängliche Bindung. Und wenn du dein Werk vollendet hast, wenn die Betäubung nachgelassen hat und der Rausch vergangen ist, dann ist es ein Zeichen dafür, dass du dich aus dem Staub gemacht und in Luft aufgelöst hast. Dann bleiben Paare, Beziehungen und Ehen zurück …"

Verliebtheit wollte den Rest gar nicht mehr hören und unterbrach Liebe mit dem Vorwurf:

„Jetzt gehst du aber wirklich zu weit! Erzähl lieber, wie die Geschichte weitergeht."

„Na gut. Die Geschichte geht so weiter: Während die beiden noch verliebt waren, fühlten sie, dass sie sich mehr brauchten und sich auch mehr geben könnten als das, was du ihnen gegeben hast. Durch dich kamen sie zusammen …"

Da unterbrach Verliebtheit Liebe erneut mit der triumphalen Bemerkung:

„Na siehst du, wie wichtig ich bin?!"

„Natürlich bist du wichtig, denn du bringst die Menschen überhaupt erst zusammen. Aber ihre eigenen Bedürfnisse und Vorstellungen von dem, was sie brauchen, sorgen dafür, dass sie auch zusammenbleiben. So wie unser Paar: Durch dich sind sie zusammengekommen und haben nach und nach erlebt, dass das Brauchen und das Bedürfnis des einen die Erfüllung des Brauchens und der Bedürfnisse des anderen war, und so blieben sie zusammen. Hier hast du ein Beispiel, das sowohl dich betrifft als auch ein Brauchen ohne Missbrauchen enthält."

Neugierig bemerkte Verliebtheit:

„Aber ist diese Geschichte nicht auch ein gutes Beispiel für Glück und Liebe?"

„Für Glück vielleicht, aber nicht für Liebe. Ganz im Gegenteil. Das ist ein gutes Beispiel für eine solche Art von Brauchen, die am häufigsten mit Liebe verwechselt wird. Allerdings die schönste Art, beides miteinander zu verwechseln, denn die Sonne der Liebe leuchtet ihnen den Weg und in ihrem Herzen tragen sie einen gefüllten Becher aus meinem Ozean."

„Und was ist die hässlichste Art, sie miteinander zu verwechseln?"

„Die blinde Abhängigkeit. Gott sei Dank hatte dieses Paar sie nicht und mit den restlichen Abhängigkeiten sind sie auch besonnen umgegangen. Zum Beispiel haben sie nicht erwartet, dass du sie immer begleitest, dass sie ewig verliebt bleiben. Deshalb konnten sie, als sie nicht mehr ineinander verliebt waren und du ihnen nicht mehr jede

Nacht den Schlaf geraubt und ihnen jeden Tag vor Sehnsucht unerträglich gemacht hast, als du nicht mehr eine Kette warst, die ihre Leiber fesselte, sondern nur noch das Tor, durch das sie gegangen sind, trotzdem viele Jahre und Jahrzehnte in Freude und Harmonie miteinander erleben. Da diese Frau und dieser Mann letztlich nur notwendige Abhängigkeiten hatten, gilt ihr Zusammenleben zwar als ein gutes Beispiel für Glück, aber nicht für Liebe."

„Aber ist dieses Glück nicht ein bisschen kalt und leidenschaftslos?"

„Ich sehe das anders. Begierde braucht Leidenschaft, Glück jedoch nicht. Aber wer weiß, vielleicht sieht man auch um das Haus unseres Paares hin und wieder die Spuren deiner Schritte. Wie du siehst, dieses Beispiel …"

In diesem Moment zog Verliebtheit Liebe sanft am Ohrläppchen und ergänzte den Satz: „… dieses Beispiel zeigt, dass ich nur ein guter Anfang bin und nicht mehr." Kopfschüttelnd fügte sie hinzu:

„Hoffentlich erklärst du mir irgendwann einmal, warum du glaubst, dass die Liebe nur dann erscheint, wenn die Verliebtheit verschwindet. Warum denkst du, dass wir nicht nebeneinander existieren können? Merkst du denn nicht, dass du Verliebten unterstellst, sie könnten nicht lieben, solange sie nur verliebt sind?"

„Ich kann deine Erregung schon verstehen, aber schau, wenn es aufhört zu regnen, bedeutet das nicht, dass der Regen, das kostbare Nass, verschwunden ist. Es ist nur nicht mehr sichtbar und kann nicht gefühlt werden. Es hängt nicht mehr in der Luft und liegt nicht mehr auf der Erde, es geht in den Grund wie ein kostbarer Schatz und bleibt der Erde und den Pflanzen erhalten. Was zum Grunde geht, geht nicht zugrunde. Wenn eine wunderschöne Pfirsichblüte verwelkt, ist sie doch nicht tot. Die herabfallenden Blütenblätter sind die Geburtswehen einer süßen Frucht."

Erst jetzt ließ Verliebtheit das Ohrläppchen von Liebe los, umarmte sie stürmisch und flüsterte ihr ins Ohr: „Dann habe ich ja eine rosige Zukunft vor mir."

„Wenn deine Zukunft Liebe ist, ja."

„Ich glaube, so langsam dämmert es mir, was du mit notwendigen Abhängigkeiten, gesunden Bedürfnissen und guten Arten des Brauchens meinst. Ich glaube zumindest, dass ich verstehe, was du mir sagen willst. Um den Überblick zu behalten, will ich alle Arten von Brauchen noch einmal aufzählen: Es gibt Arten des Brauchens, Bedürfnisse und Abhängigkeiten, die zum Leben notwendig und deshalb gesund und gut sind. Dann gibt es solche, die nicht unbedingt lebensnotwendig sind, so wie Freude, doch sie machen das Leben lebenswert. Dann gibt es solche, die grundsätzlich nicht notwendig und sogar giftig sind, sie machen den Leib und die Seele krank, deshalb gehören sie zu den schlechten Arten des Brauchens. Übrig bleiben noch solche Arten des Brauchens, die mit Liebe verwechselt werden. Darauf kommen wir bestimmt noch zurück. Was mich jetzt aber wirklich interessiert, ist, einem Menschen zu begegnen, der an dieser oder jener kranken Form des Brauchens festhält und damit lebt. Dann kann ich ihn fragen, warum er sein krankes Brauchen überhaupt braucht und es nicht wegwirft.

Ich denke, ich habe mir meine Frage eben schon selbst beantwortet. Menschen, die an einer kranken Form des Brauchens festhalten, müssen sehr dumme Menschen sein, denn sonst hätten sie ja gemerkt, dass ihr Brauchen unnötig und krank ist ..."

„Mit den Worten ‚krank' und ‚Krankheit' wäre ich vorsichtig. Was Gefühle, Herz und Seele betrifft, vermeide ich von etwas Krankem zu sprechen ..."

„Aber ich möchte, dass wir diese Worte auch weiter benutzen, weil ich mich dadurch leichter von solchen Formen des Brauchens distanzieren kann."

„Wenn du es möchtest und es dir hilft, verwende ich auch die Worte ‚krank' und ‚Krankheit'."

Kaum hatten sie das besprochen, da vernahmen sie auch schon den Galopp eines Pferdes, das sich ihnen näherte. Verliebtheit hörte auf zu sprechen und wartete gespannt, wer das wohl sein könnte.

Der Reiter

Verliebtheit brauchte nicht lange zu warten. Kaum schaute sie in die Richtung, aus der der Galopp zu hören war, da erschien auch schon an der Biegung des Weges ein Reiter, der Sekunden später vor ihnen stand. Er saß auf einem edlen Pferd, war sehr elegant gekleidet, schaute mürrisch und wirkte unruhig und gehetzt. An den Fingern, mit denen er die Zügel hielt, trug er drei Ringe mit auffallend großen Steinen und auf dem Rücken einen Bogen, der ungewöhnlich und sehr alt aussah. Verliebtheit ging einen Schritt auf ihn zu und stellte sich direkt neben ihn. Sie schaute zu ihm hoch und fragte ganz neugierig:

„Bist du auch unterwegs und suchst ..."

Empört darüber, dass er aufgehalten wurde oder vielleicht auch darüber, so einfach angesprochen zu werden, unterbrach der Reiter Verliebtheit und fuhr sie mit rauer Stimme an:

„Was für eine dumme Frage! Du siehst doch, dass ich unterwegs bin, doch ich suche nicht, denn ich habe alles, was ich brauche. Außerdem …"

Da unterbrach Verliebtheit den Reiter:

„Oh, das freut mich aber sehr für dich. Wenigstens einer, der alles hat, was er braucht. Doch wenn du nichts brauchst, warum bist du dann überhaupt unterwegs? Und vor allem: wohin?"

Hörbar widerwillig lautete die Antwort darauf:

„In die Stadt hinter dem Fluss. Dort findet ein Turnier statt, ein Wettbewerb im Bogenschießen. Die besten Schützen von nah und fern nehmen daran teil. Es sind immer viele Zuschauer dabei, darunter auch allerlei Pöbel. Worauf es mir jedoch ankommt, das sind die Adligen, Kaufleute und höheren Beamten. Es gibt auch beachtliche Geldpreise mit Urkunden, die vom Bürgermeister höchstpersönlich den zehn besten Schützen überreicht werden."

„Und du hoffst, einer von den zehn Siegern zu sein und einen Geldpreis mit einer Urkunde zu bekommen?"

„Oh Gott bewahre, nein! Ich bin kein guter Schütze und werde auf keinen Fall unter die ersten zehn kommen. Hinzu kommt, dass weder eine Urkunde noch das Preisgeld mich interessieren. Eine Urkunde ist nur ein Blatt Papier und wertlos, und Geld habe ich selbst auch mehr als genug."

Dabei streckte der Reiter stolz seinen Arm zu Verliebtheit aus mit der Bemerkung:

„Siehst du diese Ringe? Siehst du sie? Jeder von ihnen ist hundert Mal mehr wert als alle Preise zusammen. Mein Bogen hier auf meinem Rücken ist etwa dreihundert Jahre alt, sehr kostbar und eigentlich ein Museumsstück. Er ist sehr zerbrechlich und man sollte damit überhaupt nicht mehr schießen. Ich habe ihn aber extra für diesen Wettbewerb gekauft und werde auch damit schießen …"

„Dann musst du, wenn nicht ein guter, dann aber ein leidenschaftlicher Bogenschütze sein, der nicht wegen des Preises kämpft, sondern aus Freude?"

„Auch das nicht. Solche Kämpfe sind Spielereien für große Kinder. Doch ich bin kein Kind mehr und mag auch gar keine Spiele."

Verliebtheit war verdutzt und schaute erst Liebe, dann den Reiter mit offenem Mund sekundenlang an, schüttelte kräftig ihren Kopf und sagte:

„Das versteh ich nicht. Du nimmst eine Reise auf dich, um an einem Turnier teilzunehmen, an dem du weder Freude hast noch den Preis brauchst. Warum machst du das dann überhaupt? Zwingt dich vielleicht irgendjemand dazu?"

„Oh nein, ich werde niemals zulassen, dass mich jemand zu etwas zwingt. Dazu bin ich zu mächtig ..."

„Warum dann?"

„Ich sagte dir ja schon vorher, dort sind eine Reihe wichtiger und einflussreicher Leute. Ich gehöre sowieso schon dazu, und mir geht es auch nicht mehr darum, nur dazuzugehören, sondern ich möchte über ihnen stehen, um ihnen ein Vorbild zu sein. Ich will ihnen mit meinem Vermögen, das mächtiger ist als ihr Ansehen, mit meinem Reichtum, der Ziele trifft, die für ihre Pfeile unerreichbar sind, zeigen, dass es wichtig ist, sich für etwas Höheres einzusetzen.

Ihr Lob, ihre Anerkennung, ihre Schmeicheleien, aber auch ihr Neid sollen zur Sehnsucht nach Edlem und zu einem Streben nach greifbaren Werten werden. Ich will ihr Leitbild sein und verkünden, dass Reichtum und Macht das Tor zum Glück und zur Freiheit sind. Um das zu erreichen, muss ich ihnen voraus und überlegen sein, denn ..."

Der Reiter wurde von der beschwörenden Frage von Verliebtheit unterbrochen:

„Um Himmels willen, was hast du denn davon?! Was bringen dir die neidvollen Blicke, verlogenes Lob und Schmeicheleien? Glaubst du wirklich, dass dein bloßes Gefühl der Überlegenheit dich auch überlegener macht und zum Vorbild werden lässt? Glaubst du wirklich, dass du durch die kostbaren Steine an deinen Fingern höhere Werte und edle Ziele vermittelst? Wäre es nicht viel besser …"

Mit einem herablassenden Blick erwiderte der Reiter lapidar:

„Lachhaft! Einfach nur lachhaft! Ein kleines Ding wie du, das keinen Blick für das Wesentliche hat, will mich belehren."

„Gewiss, ein kleines Dings hat keinen Blick für das Wesentliche, aber das Naheliegende sieht es schon. Du könntest mit deinem Geld so viel Gutes tun …"

„Erzähle mir nicht, was ich mit meinem Geld machen soll! Wenn ich mein Geld …"

Da unterbrach Verliebtheit den Reiter ganz energisch:

„Aber ich sehe doch, was du mit deinem Geld machst! Da, der Bogen auf deiner Schulter und die Steine an deinen Ringen. Du hast einen Haufen Geld für all das ausgegeben.

Mit dem Geld könntest du so viel Gutes machen, zum Beispiel Schulen und Spielplätze bauen, armen Leuten helfen oder …"

„Ich sagte ja schon, dir fehlt der Blick für das Wesentliche. Du weißt eben nicht, wie das richtige Leben funktioniert und wie die Dinge zusammenhängen. Sieh zu, dass du Geld verdienst, damit aus dir vielleicht auch mal etwas Vernünftiges wird, anstatt faul am Wegrand zu sitzen, mit einem armen alten Greis wie dem da zu schwätzen und wichtige Leute mit deinem Kinderkram aufzuhalten."

Sodann gab der Reiter seinem Pferd einen Hieb und ritt davon. Seine Gestalt verlor sich langsam in einer dichten Staubwolke, die er hinterließ. Verliebtheit schaute noch minutenlang der Wolke nach, in der der Reiter schon längst verschwunden war.

Liebe, die mit Freude und Bewunderung den Äußerungen von Verliebtheit gelauscht hatte, erwartete nun wüste Beschimpfungen und Klagen über den merkwürdigen Reiter, wurde aber überrascht durch die Vorwürfe, die Verliebtheit ihr machte:

„Ich bin schon etwas enttäuscht. Warum hast du denn nichts gesagt? Du hast doch bestimmt die besseren Argumente und passenderen Worte als ich, du hättest diesen Kerl so leicht in Grund und Boden reden können! Warum hast du ihn so billig davonkommen lassen? Jetzt glaubt der doch tatsächlich, er wäre im Recht, und kommt sich vor wie ein Held!"

„Ich habe nichts gesagt, weil er vor lauter Überzeugung taub war. Er war nicht suchend, er hatte keine Fragen. Meine Worte wären für ihn wie eine Wolke gewesen, die sein Licht trübt, und nicht wie ein Schauer, der seine Seele reinigt. Deshalb habe ich nichts gesagt."

„Dann war die Begegnung mit dem Reiter sinnlos und die paar Minuten mit ihm verlorene Zeit?"

„Oh, ganz im Gegenteil. Als der Reiter kam, war das das Beste, was dir in diesem Augenblick hätte passieren können. Er war ein Geschenk. Erinnerst du dich, was du wissen wolltest, bevor der Reiter kam? Du hattest eine Frage. Die Frage, wie unnötiges und krankes Brauchen aussieht. Der Reiter war die Antwort auf deine Frage. Er hat dir lebendig und leibhaftig vorgeführt, wie unnötiges Brauchen und kranke Bedürfnisse aussehen. Alles, was er anstrebt und braucht, seine Bedürfnisse, sein unlöschbarer Durst nach Anerkennung, Macht und Überlegenheit und seine Gier nach Einfluss, Geltung und Sonstigem, all das sind unnötige Auswüchse des Brauchens und kranke Bedürfnisse. Deutlicher hätte man dir nicht zeigen können, was du sehen und wissen wolltest."

„Ja, ich glaube du könntest recht haben. Nachdem du mir eben den Zusammenhang erklärt hast, wird mir bewusst, dass die Begegnung mit ihm doch keine verlorene Zeit gewesen ist, sondern sogar ein Geschenk. In der Tat verdanke ich dem Reiter nicht nur die Erkenntnis einer Reihe unnötiger Bedürfnisse, sondern auch, wie tief sie einen Menschen herunterziehen können und wie blind sie ihn machen."

In diesem Moment schwieg Verliebtheit und dachte eine Weile nach, schüttelte ihren Kopf und sagte so vor sich hin:

„Was für ein seltsames und seltenes Brauchen."

„Seltsam schon, aber nicht selten, denn keine Bedürfnisse sind so weit verbreitet wie die des Reiters, das Bedürfnis nach Anerkennung, nach Überlegenheit, Geltung und Macht."

Verwundert und neugierig fragte Verliebtheit:

„Das verstehe ich nicht. Es gibt doch sehr wenige Menschen, die auf edlen Pferden reiten, lauter Ringe mit kostbaren Steinen tragen und sich auch noch den Blödsinn leisten, unschätzbar wertvolle Museumsstücke zu Gebrauchsgegenständen zu machen, wie eben der Reiter. Du sagst aber, seine Bedürfnisse seien die verbreitetsten und häufigsten überhaupt."

„Als Antwort verrate ich dir ein Geheimnis: Jeder Mensch trägt einen Reiter in sich …"

„Wirklich? Jeder Mensch?"

„Ja wirklich, jeder Mensch. Nur bei dem einen sitzt sein Reiter auf einem wilden Pferd, er rast, eckt überall an, macht vor keinem Hindernis halt und im dichten Staub, den er hochwirbelt, sieht man weder das Ross noch den Reiter. Bei einem anderen trabt der Reiter auf einem langsamen Gaul …"

„Entschuldige bitte die Unterbrechung, aber zwischen dem wilden Pferd und dem langsamen Gaul muss es doch auch ein Zwischending geben, Menschen mit einem normalen Reiter in sich, und ich frage mich: Was sind das für Menschen und wie zeigen sich deren Bedürfnisse?"

„Es sind ganz normale Menschen, von Eheleuten, Beamten, Nachbarn, Verkäufern bis hin zu Ministern, Generälen und Herrschern von Ländern. Auch sie haben alle dieselben Bedürfnisse wie der Reiter, aber nicht so ausgeprägt, so permanent und auffallend, oft sogar sehr versteckt. Du brauchst nur zu sehen, wie die Menschen miteinander umgehen: Egal worum es geht, kommt es häufig dazu, dass sie streiten: einige manchmal und kurzfristig und andere wiederum heftig und lang anhaltend. Doch wenn man genau hinschaut, geht es ihnen nur äußerst selten um die Sache selbst. Die Sache ist nur das Aushängeschild, ein Vorwand oder der Anlass für einen Streit, aber nicht mehr. Dahinter steckt, dass sie ihre Überlegenheit behaupten, ihr Gesicht bewahren wollen, letztlich geht es darum, dass sie recht behalten wollen."

„Aber warum ist das so? Warum tun sie etwas, das weder ihnen noch den anderen guttut? Nur um recht zu behalten?"

„Ja, erst einmal ja, denn recht behalten ist nur das oberflächliche Verlangen; die wahre Ursache für ihr rechthaberisches Verhalten liegt viel tiefer …"

„Bevor wir das vertiefen, habe ich doch noch zwei Fragen an dich. Eine betrifft den Reiter und die andere mich. Wunderst du dich nicht, dass er, der so mächtig, so vermögend und beschäftigt ist, sich für mich die Zeit genommen hat, um mit mir zu reden?"

„Nein, das wundert mich überhaupt nicht. Ich bin fest davon überzeugt, dass er sich die Zeit nicht für dich, sondern ganz allein für sich selbst genommen hat. Er hat nur deshalb mit dir geredet, um auch dir zu imponieren. Seine Sehnsucht nach deinem Lob und deiner Bewunderung war offensichtlich."

„Das ist aber wirklich sehr komisch. Er kennt mich doch gar nicht, ich bin für ihn überhaupt nicht wichtig und wir werden uns wohl auch nie wiedersehen. Was hat er denn davon, wenn er mir imponiert?"

„Das ist eben das Traurige an der ganzen Sache. Es gibt leider auch Menschen, die so eitel sind, dass sie sogar die Bewunderung von Menschen brauchen, die sie weder kennen noch brauchen noch je wiedersehen werden."

Mit einem Seufzer merkte Verliebtheit an: „Mein Gott, was sind doch Menschen so menschlich!"

Nach einem anhaltenden Schweigen stellte sie Liebe ihre zweite Frage:

„Es war zwar gut, den Reiter zu erleben, aber was hat diese Begegnung außer mit Brauchen auch noch mit Lieben zu tun?"

„Nichts direkt, indirekt jedoch jede Menge. Du erinnerst dich, man wird wissen, was Gesundheit ist, wenn man weiß, was Krankheit ist. Genauso ist es mit dem Reiter. Sein Brauchen zeigt überdeutlich, was nicht Liebe ist. Sein Brauchen mag menschlich sein, hat aber mit Liebe nichts zu tun. Wenn du aber Liebe werden willst, ist es notwendig, erst einmal alles Menschliche zu kennen, um es dann überwinden zu können. Wenn dein innerer Reiter absteigt, sind das die ersten Schritte zur Liebe."

Versteinerte Erinnerung

Es war schon eine Weile her, seitdem der Reiter davongeritten war. Ihm zu begegnen und leibhaftig zu erleben, wie ein Mensch Sklave seiner Bedürfnisse wird, beschäftigte Verliebtheit jedoch immer noch. Mittlerweile war ihr klar geworden, dass kranke Formen des Brauchens und kranke Bedürfnisse nicht der Dummheit entspringen, sondern das Toben des Reiters in den Menschen sind. Sie wunderte sich dennoch, warum ein erwachsener Mensch seine noch so kranken Bedürfnisse nicht erkennt und sogar zulässt, dass sie zu Herzenswünschen werden, die er hegt und pflegt und wie ein heiliges Ziel anstrebt. Die Erklärungen von Liebe hatte Verliebtheit zwar verstanden, aber nicht begriffen. Ihr Verstand hatte noch nicht die Tiefe erreicht, in der es für Verwunderung keinen Platz gab und in der sich die Fragen auflösten. Deshalb blieben noch ein paar Fragen offen und vor allem eine von ihnen wollte sie mit Liebe unbedingt noch besprechen:

„Weißt du, ich denke die ganze Zeit an den Reiter. Ich gehe davon aus, dass er heute an dem Turnier teilnimmt und vieles von dem bekommt, wonach er sich sehnt. Davon wird er ganz erfüllt sein. Morgen aber, morgen kehrt er zurück und sein Alltag wird ihn wieder einholen. Was macht er dann? Was passiert mit seinen Bedürfnissen, was wird aus seinem Brauchen? Was macht er morgen und was übermorgen? Neue Reisen, um sein heiliges Ziel zu erreichen, seine irrige Überzeugung, die Freiheit erlange man durch Macht, zu verkünden, indem er selbst ein Vorreiter und Vorbild zu sein glaubt? Wie tief wird morgen die Leere sein, die ihn einholt? Wie tief wird er fallen, wenn er all das nicht bekommt?"

„Deine Gedanken sind sehr treffend und deine Fragen berechtigt. Deshalb denke ich, dass meine Antwort dich wahrscheinlich sehr überraschen wird: Er wird überhaupt nicht fallen."

Ein spannungsvolles Schweigen trat ein. Verliebtheit war in der Tat so überrascht, dass es ihr erst einmal die

Sprache verschlug. Doch sie erholte sich rasch von dem Schreck und fragte verwundert: „Er fällt nicht?"

„Nein, er fällt nicht, weil er keine Leere empfinden wird."

„Wieso das denn? Denn morgen wird er doch all das nicht bekommen, was er braucht; er wird kein Vorbild und kein Verkünder sein, und all das wird ihm fehlen und das ist doch eine Leere."

„Das klingt logisch. Es würde dem Reiter vieles fehlen und er würde auch in eine Leere fallen, wenn etwas anderes ihn nicht retten würde."

Da schwieg Liebe einen Augenblick lang und fügte dann hinzu:

„In Wirklichkeit wird er ja nicht gerettet, nur gehalten, wie von einem Rettungsring, der einen nur auf dem Wasser hält, doch nicht zum Ufer bringt, wo man wirklich gerettet wäre."

„Und wie heißt dieser Rettungsring?"

„Versteinerte Erinnerung."

„Versteinerte Erinnerung! Das klingt so … so nachhaltig, so ergreifend, aber trotzdem kann ich mir nichts darunter vorstellen und bin ganz gespannt, was ‚versteinerte Erinnerung' wohl bedeutet, wie sie funktioniert und vor allem, wie sie einen rettet beziehungsweise hält."

„Um zu erklären, was versteinerte Erinnerungen überhaupt sind und welchen Sinn und Zweck sie erfüllen, ist es notwendig, ein bisschen auszuholen. Eines der fundamentalsten Bedürfnisse jedes Menschen ist das Bedürfnis nach Kontinuität. Denn Kontinuität vermittelt Stabilität und Sicherheit, und der Mensch braucht Sicherheit. Aber nichts im Leben ist kontinuierlich und bleibt ewig bestehen. Es gibt immer wieder Veränderungen, Unterbrechungen und Verluste, und dadurch entstehen Lücken. Alles fließt, alles ist veränderlich. Die einzige Konstante im Leben ist die Veränderung.

Wenn nun ein Mensch etwas erlebt, das für ihn sehr, sehr wichtig und bedeutsam ist – das sind meistens Erlebnisse, die mit Sicherheit und Stabilität oder deren Verlust einhergehen –, tendiert er dazu, das Erlebnis festhalten zu wollen. Manchmal gehorcht er sogar dem Zwang, es zu verewigen. Diese Tendenz oder dieser Zwang bewirkt, dass aus der Erinnerung an das Erlebnis eine versteinerte Erinnerung wird. Dadurch werden die Lücken überbrückt, und der Mensch hat die Kontinuität, die er braucht, auch wenn das Ereignis als solches nicht mehr existiert.

Damit hättest du eine Erklärung dafür, warum dem Reiter nichts fehlen wird. Denn seine früheren versteinerten Erinnerungen, die heute Abend nur etwas an Gewicht gewinnen, werden ihm bleiben und ihn weiterhin über Wasser halten."

„Das ist aber ein toller Trick! Ich werde es in Zukunft genauso machen: Wenn ich ein schönes Erlebnis habe, mache ich daraus eine versteinerte Erinnerung, dann bleibt mir das Schöne erhalten. Wie einfach, oder?"

„Nein, es ist überhaupt nicht so einfach, wie du es dir gerade ausmalst. Und es handelt sich dabei auch nicht um einen Trick, den du jederzeit und ganz nach deinem Belieben anwenden kannst, weil du es nämlich gar nicht in der Hand hast. Nicht du bestimmst, welche Erlebnisse zu versteinerten Erinnerungen werden, sondern im Wesentlichen bestimmen dies die Erlebnisse selbst. Aus flüchtigen Erlebnissen werden flüchtige Erinnerungen, die nach und nach verblassen und verschwinden, während tiefgreifende Erlebnisse dazu neigen, zu versteinerten Erinnerungen zu werden – völlig unabhängig davon, ob das Erlebnis gut oder schlecht war."

„Das wäre aber ziemlich dumm. Warum sollte ein Mensch ein schlechtes Erlebnis versteinern und sein Leben unnötig damit belasten?"

„Ja, das stimmt. Es wäre wirklich dumm, schlechte Erlebnisse zu versteinern, doch kein Mensch macht das ja ganz bewusst und mit Absicht. Die Versteinerung der

Erlebnisse ist kein willkürlicher Akt. Das Ausmaß der Erlebnisse selbst ist die Ursache und bestimmt darüber, ob ein Erlebnis vergessen oder versteinert wird. Du hattest insofern recht, als du von einem tollen Trick gesprochen hast, doch der Akt der Versteinerung ist kein Trick der Menschen, sondern einer der Schöpfung; das Prinzip der Versteinerung von Erinnerungen an Erlebnisse ist für alle Geschöpfe lebensnotwendig, lebenserhaltend. Schau, ein Leopardenkind läuft seiner Mutter hinterher und lernt zu jagen, lernt zwischen Beute und Feind zu unterscheiden. Es lernt eben alles, was es zum Leben und Überleben braucht. Das Lernen ist auch eine versteinerte Erinnerung, die Orientierung, Stabilität und Sicherheit vermittelt und das Leopardenkind überlebensfähig macht.

Das Gleiche geschieht auch mit Menschen. Sie machen aus ihren Kindheitserlebnissen versteinerte Erinnerungen und bekommen dadurch eine Orientierung und ein Konzept für ihr Leben. Aus dem Urteig der Kindheitserlebnisse backt das Kind nach und nach zwei Brote: Eines ist das Ich und das andere die Welt. Mit anderen Worten, die Bilder, die ein Mensch aus sich und aus der Welt macht, sind im Kern identisch, weil sie aus derselben Substanz, dem Urteig der Kindheit, geschaffen sind. Und je nachdem, wie die Kindheit erlebt wurde, werden sehr unterschiedliche

Erinnerungen versteinert – bei dem einen mehr gute und bei dem anderen mehr schlechte. Diese versteinerten Erinnerungen sind der Kompass, nach dem der Mensch sein Leben ausrichtet. Schau dir die Menschen an. Einige sind empfindlich, ängstlich und klammernd, andere dagegen rechthaberisch, egoistisch und aggressiv, und wieder andere sind gelassen, hilfsbereit und herzlich. So verschieden die Menschen auch sein mögen, so unterschiedlich ihr Charakter auch sein mag, für jeden gilt dasselbe: Ihre Persönlichkeit ist der Berg ihrer versteinerten Erinnerungen."

„Warum höre ich aus dem Munde der Liebe so viel über versteinerte Erinnerungen und die Persönlichkeit des Menschen?"

„Weil die Stärke der Persönlichkeit darüber bestimmt, zu wie viel Liebe ein Mensch fähig ist."

Minutenwahrheit

Über die Hälfte des Tages, an dem Verliebtheit Liebe begegnet war, war schon vergangen. Die Sonne hatte bereits den Zenit überschritten und begleitete mit ihren noch sehr warmen Strahlen Liebe und Verliebtheit auf ihrem Weg.

Verliebtheit, die einen halben Schritt hinter Liebe herging, merkte durch eine Müdigkeit in ihrem Arm, dass sie ihren Rucksack nicht auf den Schultern, sondern in der Hand trug. Sie wunderte sich zwar darüber, widmete dem jedoch keine weitere Aufmerksamkeit, denn ihre Gedanken kreisten um versteinerte Erinnerungen. Verliebtheit hatte sehr wohl verstanden, dass die Versteinerung der

Erinnerung ein lebensnotwendiger Vorgang war, aber irgendetwas von dem, was sie aufgenommen hatte, war ihr noch nicht restlos klar. Deshalb beschloss sie, diese Unklarheit mit Liebe zu klären.

„Ich habe eine Frage, die sehr schwammig ist. Deshalb weiß ich nicht, ob ich sie richtig formuliere. Es geht um versteinerte Erinnerungen. Es ist für mich zwar nachvollziehbar, dass ein Kleinkind keinen Einfluss auf sein Umfeld, auf die Ereignisse und seine Erlebnisse hat. Aber ich frage mich doch, was mit Erwachsenen ist. Müsste ein erwachsener, intelligenter Mensch nicht in der Lage sein, schlimme Erlebnisse nicht zu versteinern?"

„Ja schon, denn die Menschen hätten grundsätzlich die Fähigkeit dazu. Das Problem liegt aber ganz woanders, und zwar werden Erlebnisse wie Ereignisse nicht nur erlebt, sind real und wahr, sondern sie sind ebenso wie Ereignisse zeitlich begrenzt und vergänglich. Der Mensch neigt nun aber dazu, die Erinnerung an wichtige Erlebnisse, auch wenn diese schlimm waren, zu versteinern. Dabei vergisst er, dass sein auch noch so wahres und intensives Erlebnis nur eine Minutenwahrheit ist. Das ist das Problem und die Ursache ..."

„Moment. Das muss ich erst mal verdauen. Ich dachte, Wahrheit ist Wahrheit und bleibt Wahrheit, deshalb kann ich mir unter Minutenwahrheiten nun wirklich gar nichts vorstellen."

„Eben. Wie viele, viele andere Menschen auch."

„Gut, dann bringe doch ein paar Beispiele und klär mich bitte auf."

„Ich kann dir wirklich aus jedem Lebensbereich dutzende und aberdutzende Beispiele bringen, denke aber, du hast mehr davon, wenn ich dir die Minutenwahrheiten an einem Beispiel erkläre, an dem du maßgeblich beteiligt bist."

„Umso besser!"

„Stell dir ein verliebtes Paar vor. Sie haben wunderschöne Tage und viele berauschende Nächte miteinander erlebt. Dann muss der Mann beruflich für ein paar Wochen wegfahren. In dieser Trennungszeit wächst die Begierde und damit auch die Sehnsucht nach seiner Geliebten. In der ersten Nacht, nachdem er zurückgekommen ist und endlich wieder in ihren Armen liegt, ist der körperliche Genuss noch berauschender und die seelische Berührung noch fesselnder als jemals zuvor. Diese Fülle von Schönheit, Vertrautheit und Verbundenheit, dieser heilige Augenblick der Glückseligkeit ist vielleicht das Schönste, was dieser Mensch jemals erlebt hat, und er gibt diesem schönen Erlebnis, seinen Gefühlen, seinen Empfindungen, den schönsten Namen, den er kennt: Liebe. Er sagt ihr das auch, und das mit voller Überzeugung und aus ganzem Herzen: ‚Ich liebe dich.‘ So beglückend diese Erfahrung und so verheißungsvoll dieses Bekenntnis auch sein mögen, so sehr können sie auch zur Quelle nachhaltiger Irrtümer werden."

„Irrtümer? Das hört sich nach vielen Fehlern an, oder?"

„Nein, es sind nicht viele, sondern genau genommen nur zwei. Doch bevor wir uns diese beiden Irrtümer genauer ansehen, möchte ich noch ausdrücklich betonen, dass alle Verliebten, also auch diese Frau und dieser Mann, den beiden erwähnten Irrtümern unterliegen können, die in dem Bekenntnis ‚Ich liebe dich‘ schlummern.

Der erste Irrtum liegt darin, dass die Menschen nicht wissen, dass ihre Erlebnisse nur im Augenblick des Erlebens Gültigkeit haben und daher zwangsläufig Minutenwahrheiten sind. Schau dir unser Beispiel von vorhin an. Da sagte der Mann zu seiner Geliebten: ‚Ich liebe dich.‘ Alles, was diesen Mann dazu bewogen hat, das zu sagen, seine Gefühle, seine Erlebnisse, seine Überzeugung, alles existiert in diesem Augenblick; deshalb ist auch alles in diesem Augenblick wahr und die pure Wahrheit. Aber nur in diesem Augenblick! Im nächsten Augenblick oder am nächsten Tag kann es schon wieder vorbei sein."

„Halt! Was heißt hier Minutenwahrheit? Es kann doch sein, dass die Gefühle dieses Mannes zwei Jahre dauern?"

„Dann ist es eine zweijährige Wahrheit. Entscheidend ist, dass ein Erlebnis immer von begrenzter Dauer ist. Und diese Weisheit, dass alles fließt und alles vergänglich ist, will der Ausdruck ‚Minutenwahrheit' vermitteln."

„Gehen wir einmal davon aus, dass es so ist, wie du sagst, und alles, was dieser Mann und diese Frau in diesem Augenblick erleben, eine Minutenwahrheit ist. Es ist aber ein schönes Erlebnis und eine schöne Wahrheit. Was ist in Gottes Namen daran so schlimm, wenn sie vergessen, dass ihr schönes Erlebnis vergänglich ist und nur eine Minutenwahrheit ausmacht?"

„In unserem Beispiel sagte der Mann ‚Ich liebe dich'. Die verliebte Frau hörte das, genoss es und fühlte sich dadurch angenommen, geborgen und uneingeschränkt bejaht. Dieser Mann kennt aber diesen Menschen noch nicht wirklich. Er ist nur in die Frau, die dieser Mensch verkörpert, verliebt. Der Mensch in der Hülle dieser Frau ist ihm im Grunde noch unbekannt, noch eine Frage, doch die Antwort des Mannes auf diese noch unbekannte Frage lautet ‚Ja'. Die geliebte Verliebte hört nicht nur zu, sie saugt dieses ‚Ja' regelrecht auf. Sein Bekenntnis ‚Ich liebe dich' geht durch das Ohr direkt in ihr Herz und setzt sich wie ein wunderbarer Samen nieder, keimt, schlägt Wurzeln, wächst zu einem Baum und trägt bunte Blumen der Hoffnung. Obwohl kein Baum ewig Blüten trägt, trägt ihr Baum doch immer noch die Blüten der Hoffnung. Kurz gesagt, die Frau macht aus der Minutenwahrheit eine versteinerte Erinnerung, in der die Hoffnung mit versteinert ist."

In diesem Moment schwieg Liebe einen Augenblick, schaute auf, wies mit der Hand in Richtung Horizont und fügte hinzu:

„Die versteinerte Erinnerung, eigentlich die in ihr versteinerte Hoffnung, dient der Geliebten als ein Kompass, der ihr nur eine einzige Richtung weist. Und während sie in diese Richtung voranschreitet, löst sich allmählich die reale schöne Minutenwahrheit in eine Illusion auf, die Zukunft heißt. Wie mag aber die Zukunft dieser Verliebten aussehen? Alles ist möglich, aber schauen wir uns einmal den lehrreichsten Verlauf an. Der Mann ist irgendwann einmal nicht mehr in die gleiche Frau verliebt, und ohne die Brille der Verliebtheit wird über kurz oder lang aus der so innig Geliebten eine frühere Affäre. Er wird ohne den Leib der Geliebten an seiner Seite und ohne ihren Platz in seiner Seele sein Leben weiterleben. Was geschieht aber dann mit der verliebten Frau? Sie hatte ja das Bekenntnis ihres geliebten Mannes, sein ‚Ich liebe dich' in den Stein ihres Gedächtnisses gemeißelt und die versteinerte Hoffnung als ein ewiges Versprechen und höchstes Gut in ihrem Herzen getragen. Sie hat gehofft, geplant und gewartet. Ihre ewige Hoffnung trieb sie dazu, ihre Zukunft auf dem Felsen der versteinerten Erinnerung zu bauen. Doch sie hatte nur ein Kartenschloss auf einer Minutenwahrheit gebastelt, die sich längst aufgelöst hatte. Sie verliert den Boden unter ihren Füßen."

Energisch, sehr energisch und betroffen ergriff Verliebtheit das Wort:

„Mein Gott, was hätte diese Frau denn sonst machen sollen? Ihr Geliebter hat doch so überzeugt und überzeugend gesagt, dass er sie liebt. Sie musste ihm doch glauben. Sie hatte doch keine andere Wahl!"

„Doch, sie hatte die Wahl! Sie hätte alles als ein Geschenk sehen können, ein Geschenk des Augenblicks. Dann wäre sie in der Lage gewesen, sich immer darüber zu freuen, wenn sie dieses Geschenk bekommt, dann hätte sie auch Platz dafür, wenn sie eines Tages nicht mehr beschenkt wird. Wenn sie diese Wahl getroffen hätte, dann hätte sie gewusst, dass man auf ein Geschenk kein Anrecht und keinen Anspruch hat, und hätte auch danach gehandelt. Sie hätte ihr eigenes Leben gelassen gelebt und wäre ihren eigenen Weg gegangen, mit oder ohne den Geliebten. Sie hätte dann in wunderschöne, reale Augenblicke eintauchen können, ohne sich in einer irrealen Zukunft zu verlieren."

„Aber wenn die Wahrheit sehr schön ist, kann man sie doch nicht einfach mal so auf eine Minutenwahrheit begrenzen."

„Doch, das kann man. Stell dir doch einfach mal vor, ein Mann würde dir eine Rose schenken und du würdest dich sehr darüber freuen. Nun ist doch die Frage, worüber du dich eigentlich freuen würdest: über die Rose selbst oder über die Botschaft hinter der Rose, denn dieser Mann hat dir in Wirklichkeit zwei Sachen geschenkt: die Rose und die Botschaft. Wie auch immer, du würdest bestimmt nicht erwarten, dass die Rose lange oder gar ewig hält. Du würdest jedoch sicherlich dazu neigen, zu hoffen und zu glauben, dass die Botschaft ewige Gültigkeit hätte. Die Minutenwahrheit will dir sagen, dass die Hoffnung und die Botschaft genau wie die Rose selbst bezaubernd, aber auch genau wie die Rose vergänglich sind."

„Weißt du, woran ich gerade denken muss? Im Grunde genommen hattest du das alles schon erwähnt, zwar mit anderen Worten und in einem anderen Zusammenhang, aber es ging immer nur um eine Sache, und ich erkenne so langsam den roten Faden, der sich durch alles zieht, was du sagst. Du hattest, als wir über Lieben und Brauchen sprachen, gesagt, dass Küssen nicht nur einfach eine Berührung der Lippen wäre, sondern auch eine Berührung der Herzen, eine Verschmelzung der Seelen sein könnte. Dann ist Küssen wunderschön und ein Geschenk des Himmels. Küssen kann aber auch ein Versprechen sein, ein wortloser Vertrag, eine Pflicht oder eine Brücke aus Hoffnung. Demnach war das Küssen einmal Freude und Verschmelzung der Seelen und einmal nur ein Vertrag und ein Versprechen.

Genauso verhält es sich doch auch hier: Das Ereignis ist der ausgesprochene Satz ‚Ich liebe dich'; einmal ist es ein zauberhaftes Erlebnis und eine wunderschöne Minutenwahrheit und ein andermal eine versteinerte Hoffnung. Mit anderen Worten: Dort wird aus Küssen Sucht, hier wird aus einer Minutenwahrheit eine versteinerte Hoffnung. Trotz allem geht mir auch noch etwas anderes durch den Kopf: Klar, dieser Geliebten ist dieser Irrtum unterlaufen und sie hat ihre schönen Erlebnisse nicht als ein Geschenk betrachtet und dadurch natürlich aus Minutenwahrheiten versteinerte Hoffnungen gemacht und bezahlt nun ihren Irrtum sehr teuer. Während ihr Geliebter sein Leben lebt und genießt, hängt sie in der Luft und ist unglücklich. Jetzt unter uns: Ist das nicht verdammt ungerecht?"

„Es ist mehr als verständlich, dass du diese Frage stellst; in solchen Lebensphasen neigt man regelrecht dazu, nach Gerechtigkeit zu schreien. Als Antwort möchte ich dir jetzt nur eines sagen: Gerechtigkeit kann eine Falle sein, und man muss aufpassen, um nicht in sie hineinzutappen. Wenn zum Beispiel eine Mutter ihr einziges Kind verliert und Gott und die Welt dafür verantwortlich macht und nach Gerechtigkeit ruft, wird sie nie durch eine gesunde Trauerarbeit ihren großen Verlust verarbeiten können und wieder lebensfähig werden. Aber momentan sind wir dabei, etwas anderes zu klären …"

„Du meinst bestimmt den zweiten Irrtum, oder?"

„Ja, du hast recht. Der zweite Irrtum …"

„Warte. Ich glaube, wir haben bestimmt schon über das gesprochen, was wir jetzt als zweiten Irrtum benennen. Lass mich bitte erst mal einen kurzen Augenblick nachdenken, vielleicht komme ich noch selbst drauf."

„Ja, tu das. Das wäre natürlich viel wertvoller, wenn du selbst darauf kommst."

Verliebtheit brauchte nicht lange. Sie hatte sich klugerweise die Frage gestellt: ‚Womit hat die ganze Misere begonnen?' Ihre Antwort war: mit dem Bekenntnis ‚Ich liebe dich'. Kaum hatte sie das gedacht, da entdeckte sie auch schon den zweiten Irrtum der beiden Verliebten: Sie hatten ihre Gefühle, Erlebnisse, die Schönheit der miteinander verschmolzenen Leiber, die Innigkeit der sich berührenden Seelen, in die sie eingetaucht waren, mit Liebe verwechselt. Diese Erkenntnis beflügelte Verliebtheit zwar, aber mit der allmählich in ihr wachsenden Reife und Bescheidenheit formulierte sie ihre Feststellung als Frage:

„Hatten die beiden ihre Gefühle mit Liebe verwechselt?"

„Bravo. Genau das ist der zweite Irrtum: besonders schöne und intensive Erlebnisse mit Liebe zu verwechseln."

„Nachdem wir die zwei Irrtümer der beiden Verliebten besprochen haben, habe ich doch noch eine Frage: Was hätte dieser Mann in den Armen seiner Geliebten, in diesem zauberhaften Augenblick, in dem er empfand, dass er sie liebt, denn anderes sagen sollen?"

„Vielleicht gar nichts. Findest du nicht, dass Genießen allein genügt? Doch wenn ihm danach war, unbedingt etwas sagen zu müssen, dann hätte er auch nur das sagen sollen, was er in diesem Moment wirklich empfunden hat: dass es schön ist, seine Geliebte zu berühren und zu küssen, dass es schön ist, neben ihr zu liegen, dass er sich ihr so nah fühlt, und all diese Dinge. Eben Dinge, die real und fassbar sind. Die Gefahr, dass aus solchen Bekenntnissen eine versteinerte Hoffnung wird, ist viel, viel geringer als die Gefahr, die in einem ‚Ich liebe dich' schlummert. Auf den Punkt gebracht", fuhr Liebe nach einer kurzen Pause fort, „Liebe empfindet man nicht. Man gibt nur dem geballten Zauber der erlebten Schönheiten den Namen Liebe."

Der wunde Punkt

Für Verliebtheit war es mittlerweile nichts Neues mehr, von Liebe immer wieder wunderschöne Dinge zu hören und wichtige Zusammenhänge zu erkennen, die sie zuvor nie gehört und erkannt hatte. Darüber freute sie sich sehr und empfand Liebe gegenüber tiefe Dankbarkeit. Ihre neuen Erkenntnisse waren jedoch nicht nur voller Schönheit und Weisheit, sondern bargen nach Verliebtheits Empfinden auch Schmerzen, Bitterkeit und Enttäuschung. Was ging eigentlich in dem jungen Mädchen vor?

Verliebtheit hatte erfahren, dass viele Wahrheiten nicht heilige Ewigkeiten sind, sondern bloß Minutenwahrheiten. Sie empfand diese Erkenntnis auch als wichtig und wertvoll, doch die Einsicht, dass sie selbst, dass Verliebtheit auch nur eine Wahrheit für Minuten, Monate, vielleicht Jahre, aber letztlich eine zeitlich begrenzte Wahrheit sein sollte, machte sie sehr, sehr traurig. Eine Traurigkeit, die sie so nicht kannte. Eine Traurigkeit, die sie überwältigte. Verliebtheit hatte in ihrer Ohnmacht dieser Traurigkeit nichts anderes entgegenzusetzen als ein paar Tränen. Als Liebe das bemerkte, rückte sie ganz dicht an Verliebtheit heran, nahm ihr Gesicht in ihre Hände und fragte betroffen:

„Warum weinst du?"

„Lieb von dir, dass du danach fragst. Aber du hast mich doch zu einer vergänglichen Minutenwahrheit herabgesetzt und mich sozusagen zum Tode verurteilt. Und so fühle ich mich jetzt auch. Sei mir bitte nicht böse, aber mir ist jetzt nicht nach tröstenden Worten. Lass uns einfach im Kapitel über das Brauchen weiterblättern. Vielleicht werde ich dort noch begnadigt."

„Nicht begnadigt, rehabilitiert! Also fangen wir mal an zu blättern. Zuallererst ist es wichtig, dass du etwas Wesentliches über das Brauchen erfährst, etwas, woraus jedes Brauchen und jedes Bedürfnis entspringt, etwas, das alle gemeinsam haben."

„Wirklich alle?"

„Ja, alle."

„Das hieße doch, dass sowohl gutes als auch schlechtes Brauchen etwas gemeinsam haben."

„Ja, das stimmt. Zum Beispiel Nahrungsaufnahme: Jedes Lebewesen, also auch der Mensch, braucht Nahrung, um zu leben, nur isst der eine zu viel und der andere zu wenig. Jedoch nicht die Nahrungsaufnahme als solche sondern das Zuviel oder Zuwenig davon macht krank – unabhängig davon, ob man aus Genuss oder aus Frust zu viel isst oder aus Kummer oder Zwang zu wenig. Du siehst, wenn jemand zu viel oder zu wenig isst, macht er das nicht ohne Grund, sondern muss es irgendwie gebraucht haben – auch wenn dieses Brauchen ein Missbrauchen ist, und zwar das Missbrauchen des gesunden Brauchens der Nahrungsaufnahme. Ich hoffe, es ist jetzt klar, dass auch ein Missbrauchen eine natürliche und gesunde Quelle hat …"

„Ja, was den einzelnen Menschen betrifft, ist es mir jetzt klar. Wie sieht das aber zwischen zwei Menschen aus?"

„Genauso. Nimm zum Beispiel das Bedürfnis nach Zusammengehörigkeit, Verbundenheit, den Wunsch, füreinander da zu sein. Diese Bedürfnisse sind natürlich und notwendig. Ich denke dabei an das, was Mütter und Kinder und glückliche Paare verbindet. Einige Menschen missbrauchen dieses natürliche Bedürfnis jedoch. Einige von ihnen machen daraus ein Instrument, mit dem sie Macht ausüben und andere Personen zu ihrem Eigentum erklären. Andere winseln und klammern und fesseln mit der Kette ihrer Abhängigkeit Hände und Beine ihrer Geliebten. Bei all dem handelt es sich um ein Missbrauchen des natürlichen Bedürfnisses nach Zugehörigkeit und Verbundenheit.

Wir können überhaupt alles, was den menschlichen Leib und die Seele betrifft, alles, was der Mensch begehrt, alle seine Wünsche, Träume und Hoffnungen, aber auch alles, was er vermeidet, seine Sorgen, Ängste und so weiter, unter die Lupe nehmen und werden immer wieder feststellen, dass jedes Bedürfnis und jedes Brauchen, sowohl das gute als auch das schlechte, einen natürlichen und notwendigen Ursprung hat, wie die Nahrungsaufnahme und das Gefühl von Zusammengehörigkeit.

Der Mensch aber ist weit von seinem Ursprung entfernt, deshalb ist er auch entfernt vom natürlichen Ursprung seiner Bedürfnisse. Er ist getrieben und aus seinem Treiben wird Übertreiben und aus dem Übertreiben wird Missbrauchen. Je maßloser er allerdings übertreibt, umso verheerender sind sein Missbrauchen und dessen Folgen. Stell dir mal vor ..."

„Warte bitte, bevor du weitererzählst, ich habe eine Frage. Warum merkt der Mensch denn nicht, dass er sein Brauchen missbraucht?"

„Weil der Mensch ein Meister der Tarnung ist. Weil er sein Missbrauchen unter dem Mantel der Tugend versteckt."

„Jetzt habe ich ja noch mehr Fragen als vorher! Was bedeutet das denn überhaupt, ‚Missbrauchen unter dem Mantel der Tugend zu verstecken'? Es gibt so viele verschiedene Arten des Brauchens, also auch viele verschiedene Arten des Missbrauchens. Tragen alle Arten des Missbrauchens denselben Mantel der Tugend? Oder gibt es einen Kleiderschrank der Tugenden und je nach Missbrauch holt der Mensch den passenden Mantel raus? Wenn ich schon dabei bin, gleich noch eine weitere Frage: Beherrscht denn jeder Mensch diesen Trick mit der Tarnung?"

„Das sind wirklich viele Fragen, aber auch wirklich gute. Die Frage, die ich mir selbst stelle, ist, wie tiefgreifend sollte die Antwort sein, um der Stunde gerecht zu werden?"

„Wie geschickt du das formuliert hast. Du meinst doch wohl, die Antwort soll nicht zu kompliziert sein, damit ich es auch verstehe. Da mache ich mir keine Sorgen, schließlich bist du die Liebe, der Ozean, die Sonne und die Weisheit. Dir wird schon das Richtige einfallen."

Liebe erwiderte schmunzelnd:

„Lass uns lieber zu deinen Fragen zurückkehren. Wir haben festgestellt, dass alle Bedürfnisse und alles Brauchen ausnahmslos einen natürlichen Ursprung haben und auch, dass der Mensch von seinem natürlichen Brauchen weit entfernt ist. Fern von der natürlichen Quelle der Urbedürfnisse und des gesunden Brauchens, stillt der Mensch sein Bedürfnis aus einer Quelle des giftigen Brauchens und der unnötigen Bedürfnisse. Bevor ich jedoch weitererzähle, möchte ich dieser Quelle erst einmal einen Namen geben."

Liebe überlegte einen Augenblick.

„Wie wäre es mit ... ‚Schatten auf der Seele'?"

Worauf Verliebtheit vorschlug:

„Oder wie wäre es mit ‚das Tier im Menschen'?"

„Das klingt gut, aber in diesem Zusammenhang ist es irreführend. Zwar ist es richtig, dass in jedem Menschen ein Tier lebt, doch das Tier ist nicht die Quelle des Missbrauchens. Tiere missbrauchen nichts. Missbrauchen ist eine menschliche Erfindung."

„Ach so, so ist das mit Mensch und Tier. Aber wir haben noch immer keinen Namen gefunden."

Wieder überlegte Liebe einen Augenblick lang und sagte dann schließlich:

„Wir nennen die Quelle allen Missbrauchens den ‚wunden Punkt'. Dieser Name ist deshalb so treffend, weil er auf den Punkt bringt, wo der Mensch wund und schwach ist, eben sein ‚wunder Punkt'. Nun zurück zum Thema mit dem neuen Namen. Es gibt nur einen einzigen wunden Punkt und jeder Mensch hat diesen einen wunden Punkt – mit dem Unterschied, dass er bei dem einen ziemlich klein und bei dem anderen ganz schön groß ist und ..."

„Moment mal, es gibt doch Menschen, die vieles missbrauchen. Das kann doch nicht alles nur auf einen einzigen wunden Punkt zurückgeführt werden."

„Doch. Jemand stellt zum Beispiel fest, dass er immer schlechter sieht und dass seine kleinen Verletzungen lange Zeit brauchen, bis sie heilen. Außerdem wird ihm manchmal mulmig und er fällt in Ohnmacht. Erst einmal sieht das nach vielen verschiedenen Krankheiten aus, aber in Wirklichkeit hat er nur eine Krankheit. Er ist zuckerkrank und all seine Beschwerden sind nur verschiedene Symptome dieser einen Krankheit.

Das Gleiche gilt auch für verschiedene Arten von Missbrauch eines Menschen. Alle Äußerungen seines Missbrauchens sind verschiedene Symptome einer Schwäche, die nichts anderes ist als sein wunder Punkt, den – wie gesagt – jeder Mensch hat."

„Wirklich jeder Mensch?"

„Wirklich jeder Mensch. Je nach Herkunft, Lebensalter, Geschlecht, den Erfahrungen, dem Lebenslauf und der Lebenssituation eines Menschen wirkt der wunde Punkt jedoch unterschiedlich und zeigt sich anders. Aber um auf deine Frage zurückzukommen, was Tarnung des Missbrauchens genau bedeutet, ist es hilfreich, den wunden Punkt etwas bildlich darzustellen. Dabei wird sowohl die Tarnung als auch der Zusammenhang zwischen Tarnung und Missbrauchen deutlicher. Jeder Mensch, also jede Person, hat eine Persönlichkeit. Kein Mensch ist jedoch vollkommen und perfekt. Anders gesagt: Seine Persönlichkeit ist nicht umfassend, stark und stabil genug, um jeder Lebenssituation optimal zu begegnen und sie zu bewältigen. Die Begrenztheit der Persönlichkeit und ihre Defizite kannst du dir nun wie einen gefährlichen Abgrund, eine bedrohliche Höhle, am besten wie ein Loch vorstellen. Das Loch ist ein anderes Wort für den wunden Punkt. Der Mensch hat jedoch Angst, in dieses Loch zu fallen, denn in der Dunkelheit dieses Loches fühlt er sich wertlos, bedroht und leer. Anstatt das Loch zu füllen, bauen die meisten einen Deckel und legen ihn auf das Loch ihrer Persönlichkeit, damit sie nicht hineinfallen. Der Deckel ist ebendas Missbrauchen, das dem Menschen ein Pseudo-Gefühl der Sicherheit, aufgehoben und wertvoll zu sein, vermittelt; wie die Eintrübung durch Drogen, die auch dazu führt, dass der Mensch sich und die Welt anders wahrnimmt. Du erinnerst dich doch sicherlich noch an den Reiter. Er ist ein gutes Beispiel dafür, wie ein Mensch seine Möglichkeiten und Fähigkeiten, sein geistiges Vermögen und in diesem Falle auch sein materielles Vermögen als Deckel missbraucht, um nicht in das tiefe, unter dem Deckel verborgene Loch seiner Selbstzweifel zu fallen. Das Verrückte daran ist jedoch: Je tiefer das Loch, umso dicker muss der Deckel und umso maßloser das Missbrauchen sein. Damit aber das Missbrauchen für einen selbst und für andere Menschen akzeptabel ist, gibt man dem Missbrauchen – je nachdem, was man missbraucht – ein passendes Etikett und überzieht es mit einem schönen Kleid. Das Etikett und das schöne Kleid sind die besagten Tarnungen, der Mantel der Tugend, und je nach Bedarf gibt man ihnen verschiedene Namen, wie Liebe, Freiheit, Gott und Ähnliches mehr. Unter diesen Decknamen hat dann jedes Missbrauchen freien Lauf. Tarnung ist eine Art Metamorphose. Dadurch wird aus Missbrauchen zwingende Notwendigkeit, Pflicht, Vision, sogar Vorsehung und so weiter. Das Schlimmste daran ist aber, dass Missbrauchen wie salziges Wasser wirkt. Je mehr man davon trinkt, umso durstiger wird man. Deshalb gibt es für Mächtige, Reiche, Berühmte und überhaupt für alle, die Überfluss an etwas haben, keine Sättigung."

„Bevor du weitersprichst, würde es mir sehr helfen, wenn du ein Beispiel bringen würdest, das irgendwie etwas mit mir zu tun hat."

„Gern. Stell dir vor, ein Mann lebt seit mehr als fünfzehn Jahren allein und fühlt sich auch des Öfteren einsam. Er hat ein großes Problem, auf Frauen zuzugehen, Augenblicke mit ihnen zu genießen. Er hat Angst davor, sich zu verlieben oder gar eine Beziehung einzugehen. Andererseits ist dieser Mann sehr fleißig, und kaum ist seine Arbeit beendet, sucht er sich neue Aufgaben, sodass er letztlich immer beschäftigt sein muss. Er vertritt die Maxime, dass Pflicht und Leistung wichtig sind und oberste Priorität haben. Sein Leben ist seine Arbeit und er verfolgt sie äußerst akribisch und gewissenhaft.

Nun die Deutung: Irgendeine Schwäche in der Persönlichkeit dieses Mannes ist die Ursache seiner Hemmung und seiner Angst vor Nähe. Das ist das Loch in seiner Persönlichkeit. Und der Deckel, den er auf dieses Loch legt, um nicht hineinzufallen, um vor seinem inneren Gericht nicht als Versager dazustehen und verurteilt zu werden, ist sein Fleiß und sein unermüdliches Arbeiten. Die Tarnung ist die Verherrlichung der Arbeit, der Pflicht und der Verantwortung, die für ihn das höchste Gebot sind."

„So kann ich mir das viel besser behalten! Also: Der wunde Punkt ist das Loch in der Persönlichkeit. Missbrauchen ist der Deckel auf dem Loch und Tarnung ist die schöne Verkleidung des Deckels. Kommt das so in etwa hin?"

„Nicht nur so in etwa. Genauso!"

In diesem Moment hob Verliebtheit ihre Hand und Liebe reagierte darauf, indem sie auch ihre Hand hob und sagte:

„Ich ahne, was du hören willst: Ob Liebe und Verliebtheit wirklich gute und notwendige Formen des Brauchens sind? Vielleicht auch noch: Wie kann man solche wunderbaren Wesen wie uns missbrauchen?"

„Genau das, treffender hätte ich das nicht sagen können."

„Also gut. Lassen wir erst einmal die Liebe aus dem Spiel, denn wie wir schon oft besprochen haben, haben Liebe und Brauchen nichts miteinander zu tun, und Liebe ist nie Ausgang, geschweige denn Ergebnis eines Missbrauchens. Was aber Verliebtheit betrifft, ob sie ein notwendiges Bedürfnis ist, kann weder mit Ja noch mit Nein beantwortet werden, denn da stellen sich Fragen wie ‚notwendig wofür?' und ‚Bedürfnis wonach?'.

Ein Gleichnis soll uns helfen, diese Fragen zu beantworten. Die Natur hat die Blumen so erschaffen, dass sie in ihrem Kelch Nektar tragen, obwohl sie den Nektar für sich selbst überhaupt nicht brauchen. Der Nektar dient nur dazu, die Bienen anzulocken. Blumen brauchen den Nektar für ihre Arterhaltung. Nach dem Bauplan der Schöpfung hat die Arterhaltung fast noch einen höheren Rang als die Selbsterhaltung.

Deshalb hat die Schöpfung aus demselben Grund, aus dem sie den Nektar erschaffen hat – damit die Blumen sich vermehren –, die Verliebtheit erschaffen: damit die Menschen sich vermehren. Demzufolge ist der natürliche Sinn und Zweck der Verliebtheit die Arterhaltung. Auf den Punkt gebracht: Nahrung dient dazu, dass jeder einzelne Mensch weiterlebt, und die Verliebtheit dient dazu, dass die Menschheit weiterbesteht."

Verliebtheit hörte zwar aufmerksam zu, wenn auch mit reichlichem Unbehagen, und ihr Unbehagen wuchs umso mehr, je klarer ihr wurde, was Sinn und Zweck der Verliebtheit war. Deshalb äußerte sie sichtlich enttäuscht:

„Mein Gott, wie nüchtern und unromantisch!"

„Du hast natürlich recht, es klingt nüchtern und unromantisch, weil wir über die Notwendigkeit der Verliebtheit gesprochen haben, und da hat die Romantik keinen Platz. Ich habe auch nur über diese Notwendigkeit der Verliebtheit gesprochen und nicht über ihre Schönheit und ihren Zauber. Die Zeiten der Verliebtheit gehören zu den schönsten Blättern im Tagebuch eines Menschen."

Süßes Gift

Es wurde schon immer sehr viel über die Verliebtheit geredet, und sie hatte auch schon so manches gehört, aber nichts davon war so schön gewesen wie das, was die Liebe gerade über sie gesagt hatte: „Die Zeiten der Verliebtheit gehören zu den schönsten Blättern im Tagebuch eines Menschen."

Das machte Verliebtheit glücklich und stolz. Das Lob aus dem Munde von Liebe, nicht nur die Bestätigung ihrer Notwendigkeit, sondern auch die Bewunderung ihrer Schönheit gaben ihr ein tiefes Gefühl der Befriedigung. Sie war nach langer Zeit endlich wieder gelassen und von Angst befreit. Sie hatte sogar ihre Sterblichkeit vergessen.

Doch im Verlauf weiterer Minuten kamen ihr ganz andere Gedanken in den Sinn, die vorher angesprochen, aber noch nicht geklärt worden waren.

So sagte sie offen, was sie gerade dachte:

„Wir haben die Frage gestellt, doch die Antwort darauf noch nicht gegeben: Wie kann aus einem Wesen wie mir, das nicht nur notwendig, sondern auch schön ist, etwas Unnötiges, ja sogar etwas Krankhaftes werden? Vor allem: Was sind das für Menschen, die die Verliebtheit missbrauchen? Womöglich bin ich selbst schuld daran und es liegt an mir, dass man mich missbraucht!"

„Das auf keinen Fall! Obwohl manche glauben, du wärst eine Droge, und einige sogar behaupten, du seist ein süßes Gift. Aber glaub mir, was Verliebte aus ihrer Verliebtheit machen, ist gewiss nicht deine Schuld. Du bist für das Denken und Handeln der Verliebten nicht verantwortlich. Genau wie der Regen, der sein kostbares Nass der Erde schenkt, doch erst die Wiese macht daraus wunderschöne Blumen und die Wüste Dornen und Stacheln."

„Das mag schon sein, aber was man über mich sagt, gefällt mir überhaupt nicht. Außerdem kann es auch nicht stimmen, dass ich giftig bin, denn wenn ich giftig wäre, müsste die ganze Menschheit vergiftet und ausgerottet sein, weil jeder irgendwann mal verliebt war."

„Das stimmt, aber du nimmst das süße Gift zu wörtlich und viel zu persönlich. Du hast natürlich recht: Die Menschheit wäre ausgerottet, wenn nicht einige Verliebte gegen das Gift immun wären. Nicht jeder, der sich verliebt, ist schon gleich vergiftet und hoffnungslos verloren."

„Du meinst, erst wenn man sich richtig verliebt, dann wäre man vergiftet und verloren?"

„Nein, ganz im Gegenteil. Solche Menschen, die sich richtig verlieben, sind immun gegen das Gift."

„Dann erkläre mir doch bitte: Was ist der Unterschied zwischen sich richtig und sich falsch verlieben, und vor allem möchte ich gern wissen, was ist das Süße an mir und was das Giftige?"

„Am einfachsten wird es wohl sein, erst einmal zu ergründen, was die Verliebtheit so süß macht. Dann wird alles andere, wie falsches und richtiges Verlieben und das Giftige, auch klar. Das Süße an der Verliebtheit fängt schon mit pochenden Herzen, wärmenden Umarmungen und alles überflutender Sehnsucht an. Die zauberhafte Schönheit der leiblichen Verschmelzung ist das unmittelbare Erlebnis und bedarf keiner Ergründung. Doch die eigentliche Quelle der Wucht, der Kraft und des Zaubers der Verliebtheit liegt nicht in dem, was der Leib erlebt, sondern in dem, was sich in der Seele auftut. Das ist die Magie, welche die

Verliebten leicht schwebend, heiter und glücklich macht. Verliebte fühlen sich vereint, verbunden und dadurch aufgehoben. Das Boot ihres Herzens ist in einem sonnigen und sicheren Hafen verankert. Die körperliche Verschmelzung mit der geliebten Person dehnt sich zu einer Verschmelzung mit der Welt und mit dem Kosmos aus. In der Umarmung der Geliebten fühlt sich der Verliebte von der Welt umarmt. Das Leben der Verliebten ist mehr als eine Kirmes, die zum Vergnügen aufgestellt ist, und mehr als ein Zirkus voller Freude und Zauber. Das Leben der Verliebten ist ein sinnhaftes Ankommen. Vergangenheit wird eine blasse Erinnerung und Zukunft eine Reise in erfüllte Träume. Das Süße an der Verliebtheit ist das paradiesische Gefühl der Grenzenlosigkeit. Ohne Grenzen fließen die Verliebten ineinander. Aus einem Ich und einem Du wird ein Wir, eine Einheit, ein Ganzes. Je durchlässiger die Mauer zwischen Geliebtem und Verliebtem, umso undurchlässiger und massiver wird die Grenze zur realen Welt. Der Blick der Verliebten verengt sich, die reale Welt wird auf das reduziert, was der Verbindung zur geliebten Person dient. Alte Gewohnheiten, Freunde, Regeln, Gebote und Verbote werden im Tempel des gemeinsamen Glücks geopfert. Im Zustand der Verliebtheit werden die Welt und das Selbst neu entdeckt. Der Verliebte erlebt sich als einen anderen Menschen, einen Menschen, der lust- und kraftvoll, enthusiastisch und stark, erfüllt und vollkommen ist. Das alles ist das Süße an der Verliebtheit."

„Das hört sich ja wundervoll an, das Süße an mir ist ja noch viel, viel süßer, als ich dachte. Aber wo ist denn das Gift, und wie vergifte ich die Verliebten?"

„Sei unbesorgt! Du vergiftest ja nicht jeden Verliebten. Nur denjenigen, die das Süße an dir unzerkaut schlucken, bleibt das Süße im Hals stecken, oder es bleibt unverdaut in ihrem Magen liegen. Dann wird aus dem Süßen Gift, aus Schweben Absturz und aus Sichverlieben Sichverlieren.

Schau, es gibt Menschen, die ihren eigenen Weg gehen und einen Sinn in ihrem Leben gefunden haben; sie tragen einige Weisheiten in sich und leben danach. Sie wissen, dass das Leben ihnen nichts schuldet, doch ein paar Geschenke bereithält. Sie erwarten nichts und freuen sich über jedes Geschenk. Sie wissen, die Ereignisse macht die Welt, aber ihre Erlebnisse machen sie selbst. Was auch immer geschieht, sie leisten ihren Beitrag und machen das Beste daraus. Vor allem, und das ist das Wichtigste, machen sie aus ihren schönen Erlebnissen, den Minutenwahrheiten, keine versteinerten Erinnerungen und ewigen Hoffnungen. Ein solcher Mensch ruht in sich. Er liebt alles, was sein Leben ausmacht, und dazu gehören nicht nur seine Familie und seine Freunde, sein Beruf und seine Aktivitäten, sondern auch die Bäume und ihre grünen Gewohnheiten, die Schmetterlinge in ihrem leichten Flug, der Sonnenschein und sein Versteck- und Fangspiel mit dem Schatten und auch die ganze Weite der Landschaft des Lebens. Er ist mit sich und der Welt zufrieden. Alles in ihm und um ihn ist harmonisch miteinander verbunden. Er ist ein Lebenskünstler, freut sich über so vieles, ärgert sich aber nicht, wenn das Gegenteil passiert. Er meistert sein Leben und geht mit entschlossenen Schritten seinen Weg. Er geht und kann daher auch Begleiter haben.

Für solch einen Menschen ist die Verliebtheit ein Geschenk und eine so wundervolle Bereicherung, und eine Geliebte eine zauberhafte Begleiterin für ein kurzes, längeres oder das längste Stück gemeinsamen Wegs. Solch ein Mensch, ein Mensch, der in sich ruht, schwebt im Rausche seiner Verliebtheit, verliert aber nicht den Boden der Realität unter seinen Füßen, er genießt die Wärme der Umarmung, löst sich aber nicht in ihr auf. Im Angesicht seiner Geliebten vergisst er die Welt und die Zeit für den Augenblick, doch er kehrt rechtzeitig zurück und lebt im Angesicht der realen Welt. Seine alten Gewohnheiten, Gebote und Verbote, sein Alltag und seine Freunde werden im Tempel des gemeinsamen Glücks nicht geopfert, sondern für ein Weilchen in einer leicht zugänglichen Nische aufbewahrt.

Er geht auch dann seinen Weg, wenn seine Geliebte sich verabschiedet, wenn die Verliebtheit verschwindet oder wenn beide ihn verlassen. Er geht seinen Weg weiter und ist offen für die Welt und bereit für eine neue Verliebtheit. Für diesen Menschen ist die Verliebtheit kein Gift, sondern nur ein kostbares Geschenk, zart, süß, wenn auch flüchtig.

Es gibt aber auch Menschen, bei denen die Weisheiten der in sich ruhenden Menschen durch Irrtümer verfärbt sind. Während sich die einen als Schöpfer ihres Lebens sehen, empfinden diese Menschen sich als Opfer ihres Schicksals. Sie haben nicht gelernt, dass sie selbst es sind, die den Schicksalsschlägen die Farbe, den Geruch und den Inhalt ihrer Bedeutung geben. Sie sind nicht der Lenker des Bootes, das ihr Leben ist. Die Winde des Schicksals und die Ströme der Ereignisse bestimmen, in welchem Hafen sie landen.

Während die einen wie ein Baum mit einem mächtigen Stamm und kräftigen Wurzeln sind, ähneln diese Menschen eher einer Kletterpflanze: So besonnen und klar sie auch sonst ihr Leben gestalten mögen, was aber Gefühle, Bindung und Partnerschaft betrifft, so brauchen sie jemanden, um zu stehen und zu bestehen. Sie brauchen jemanden, an dem sie sich zum Licht hinaufwinden können. Ohne eine Stütze bleiben sie mit ihren Gefühlen der Einsamkeit und Leere am Boden liegen. Sie sind biegsam, klammernd und kletternd. Jetzt kannst du dir vorstellen, was solch ein Mensch aus der geliehenen Kraft und den bunten Illusionen der Verliebtheit macht. Schon nach dem ersten Schluck vom Nektar der Verliebtheit, schon nach der ersten Umarmung und Vereinigung fängt die Vergiftung an, mit unverkennbaren Symptomen, die jeder sieht – außer den Verliebten selbst."

Eilig fragte Verliebtheit:

„Wenn die Verliebten all das nicht merken und sogar ihre Freunde vernachlässigen – was sollen ihre Freunde dann machen?"

„Die Verliebten so annehmen, wie sie sind. Gerade dann müssen die Freunde da sein und die Verliebten mit ihrer Freundschaft so lange begleiten, bis sie aufhören zu kriechen und zu kletten. Da sind die Freunde besonders wichtig, weil die Verliebten ihre Zukunft unmerklich und unauffällig mit dem Geliebten planen und dieser allzu rasch in den Alltag eingebunden wird. Dies geschieht, indem durch den Zauber der Verliebtheit aus einer Person eine Persönlichkeit und aus einem Alltagsmenschen ein

Auserwählter gemacht wird. Auch noch so banale Äußerungen des Geliebten werden zu Weisheiten und sein Lebensrhythmus wird zum eigenen Tagesplan. Unweigerlich wird aus der zarten Schönheit des Augenblicks eine unentbehrliche Notwendigkeit.

Solch ein Mensch sieht schon zu Beginn in der Verliebtheit und dem Geliebten nicht ein Geschenk, sondern eine Vollendung, eine Erfüllung aller Wünsche und Träume, ein Ankommen und Bleiben für alle Ewigkeit. Er sieht in jedem Kuss ein Versprechen und in jeder Umarmung einen Vertrag. Die ganze Zeit über schleppt er die schwere Last der versteinerten Hoffnung mit sich herum und ist am Ende erschlagen und doch gehetzt auf dem langen Weg der Illusion."

„Mein Gott, bin ich froh, dass wir schon vorher ausführlich über Minutenwahrheiten und versteinerte Erinnerungen und Hoffnungen gesprochen haben und ich eine Ahnung davon bekommen habe, was sie anstellen. Jetzt verstehe ich auch das Schicksal der Frau, das du als Beispiel für eine Minutenwahrheit erzählt hast: Sie war gegen das Gift der Verliebtheit nicht immun …"

Nach einem kurzen Nachdenken fuhr Verliebtheit fort:

„Weißt du, worüber ich mich sehr freue? Ich sehe jetzt den Zusammenhang zwischen der Minutenwahrheit und dem Süßen und zwischen versteinerter Hoffnung und dem Giftigen an mir."

In diesem Moment berührte Verliebtheit ihren Rucksack und fügte hinzu:

„Ich erinnere mich ganz genau: Du hast mir heute früh schon gesagt, dass mein Rucksack das ist, was zwischen uns steht. Ich begreife allmählich, was du damit meintest, und ich will nicht mehr, dass etwas zwischen uns steht. Deshalb spüre ich ganz deutlich, dass langsam die Zeit gekommen ist, mich mit meinem Rucksack auseinanderzusetzen und dessen Inhalt zu überprüfen. Vermutlich werde ich keine einzige Minutenwahrheit darin finden, dafür aber jede Menge versteinerter Erinnerungen und Hoffnungen."

Sogleich nahm Verliebtheit ihren Rucksack von der Schulter und setzte sich hin. Als Liebe das sah, dachte sie: ‚Verliebtheit wird jetzt ihren Rucksack öffnen, den ganzen Inhalt herausholen, sich alles genau ansehen und vielleicht etwas davon wegwerfen.'

Zu ihrer Freude stelle sie aber fest, dass Verliebtheit dies nicht tat. Sie legte vielmehr ihren Rucksack auf ihren Schoß, schloss ihre Augen und dachte nach. So vergingen Minuten. Liebe wusste nicht, was Verliebtheit gerade dachte, doch der Hauch eines Lächelns auf ihren Lippen verriet, dass etwas Wunderbares in ihr vorging. Nach einer Weile öffnete Verliebtheit ihre Augen, schaute Liebe wortlos, aber vielsagend an, und Liebe spürte, dass Verliebtheit ihr viel näher gekommen war.

Von Schwere und Leichtigkeit

Der letzte Blick zwischen Verliebtheit und Liebe, dieser kurze Augenblick, war voller Wärme, Vertrautheit und Verbundenheit. Nicht nur Liebe spürte, dass Verliebtheit ihr nähergekommen war, auch Verliebtheit fühlte sich Liebe sehr nah. So nah wie noch nie jemandem zuvor. Dieser Blick rundete die Gedanken von Verliebtheit ab, die ihr sanftes Lächeln hervorzauberten. Nun begann Verliebtheit, das in die Tat umzusetzen, was sie zuvor gesagt hatte. Sie öffnete ihren Rucksack, schaute erst eine Weile hinein und holte dann heraus, was ihr gerade in die Hand fiel. Es waren ein paar Erinnerungen, Hoffnungen und Enttäuschungen. Sie griff noch einmal hinein, und was herauskam, waren wieder Erinnerungen, Hoffnungen und Enttäuschungen. Als der dritte Griff zum gleichen Resultat führte, murmelte sie mit einer Mischung aus Überraschung und Enttäuschung:

„Das kann doch nicht sein, dass ich die ganze Zeit über nur einen solchen Haufen Schrott mit mir herumtrage. Das kann doch nicht sein!" Da holte Verliebtheit all ihre Spielzeuge aus dem Rucksack – nur das kleine, noch nicht ausgepackte Päckchen, das sie nie so recht beachtet hatte, blieb darin liegen. In Anbetracht der noch viel größeren und wichtigeren Spielzeuge, die sich vordrängten, hatte Verliebtheit weder Zeit noch Interesse, sich diesem kleinen Ding zu widmen.

Inzwischen hatte sie alle ihre Spielzeuge in verschiedene Haufen aufgeteilt und war dabei, dieses Werk zu verfeinern. Obwohl an den Spielzeugen selbst erkennbar war, nach welchem Prinzip Verliebtheit sie aufgeteilt hatte, wollte Liebe, dass Verliebtheit es ihr erklärte.

„Was liegt denn da so?"

„Mein Schandfleck", war die bittere Antwort von Verliebtheit.

„Das ist doch gar nicht so schlimm. Es sind doch auch ein paar sehr schöne Dinge darunter. Außerdem bist du ja gerade dabei, Ordnung in das Ganze zu bringen."

„Vielleicht. Das hoffe ich jedenfalls. Aber guck doch mal, ist das nicht traurig? Dieses winzige Häufchen hier" – sie zeigte mit beiden Händen darauf – „ist alles, was ich an Wertvollem habe, meine schönen Erinnerungen. Und du kannst mir ruhig glauben, die kommen wieder in den Rucksack. Nur über die Aufteilung der Hoffnungen bin ich mir noch nicht ganz im Klaren. Ich glaube, da brauche ich deine Hilfe. Der Rest ist einfach nur Schrott, und ich mache mir langsam große Vorwürfe, dass ich diesen unnützen Haufen so lange mit mir rumgeschleppt habe. Ehrlich gesagt, ich schäme mich ein bisschen und bereue es."

Als Liebe das hörte, schüttelte sie kräftig ihren Kopf. Das veranlasste Verliebtheit zu der Frage:

„Etwas gefällt dir nicht, oder?"

„Ja, stimmt. Dass du etwas bereust."

Sehr verwundert erwiderte Verliebtheit: „Das verstehe ich nicht. Ich habe etwas gemacht, das nicht in Ordnung war. Es ist doch gut, wenn ich es jetzt bereue?"

„Nicht ganz. Denn in der Reue liegt die Gefahr der Wiederholung."

„Soll ich es etwa nicht bereuen?"

„Auch das nicht. Wenn man etwas bereut, hängt man in der Vergangenheit fest, denn man hat dieses Etwas in der Vergangenheit gemacht und zu dieser Zeit war man so, wie man war, und konnte aufgrund dessen nicht anders handeln. Denn wenn man anders hätte handeln können, dann hätte man es auch anders getan. Mit anderen Worten, man wirft sich vor, dass man so war, wie man war, doch das ist nun mal Realität, und die Realität muss man akzeptieren, denn man kann nur mit der Realität glücklich werden. Mit dieser Einsicht kann man sich selbst akzeptieren. Ein Mensch, der sich akzeptiert, kann entschlossen über sein Tun und Lassen entscheiden. So kann man auch besser von der Vergangenheit Abschied nehmen, damit aus der Vergangenheit auch wirklich Vergangenheit wird. Vor allem dann, wenn man seine Vergangenheit nicht akzeptiert, kann man in der Gegenwart nicht richtig Fuß fassen. Wir können uns den Verlauf der Zeit und die Entwicklung eines Menschen so vorstellen: Einerseits fließt Vergangenheit durch das Tor der Gegenwart in die Zukunft hinein. Andererseits bedeutet die Weiterentwicklung eines Menschen längeres Verweilen in der Gegenwart, im Augenblick ..."

„Warte bitte mal. Man ist doch zwangsläufig immer im Augenblick, wo denn sonst?"

„Meinst du? Überprüfe dich. Du wirst feststellen, dass du die meiste Zeit über entweder in der Vergangenheit verweilst oder dich in der Zukunft aufhältst, aber selten in der Gegenwart. Gerade deine Spielzeuge sind ein guter Beweis dafür. Nun wieder zurück zu dem Menschen. Ein Mensch, der sich akzeptiert, der ‚Ja' zu sich sagt und zu dem, was er ist, verweilt im Augenblick und bestimmt, was von seiner Vergangenheit in seine Zukunft fließen soll und was nicht."

„Ja, ich glaube, ich habe es verstanden. Das Schwere in Leichtigkeit umwandeln. Nicht wegen Vergangenem jammern, es weiter mit sich schleppen und bereuen – sondern akzeptieren, wie es war, Ballast abwerfen und es besser machen. Also, damit mir das Ganze besser gelingt und mein Verweilen im Augenblick sich verlängert, will ich ganz schnell mein Problem mit der Sortierung meiner Hoffnungen mit dir klären."

„Das werden wir auch. Da du es so eilig hast, deine Hoffnungen zu klären, überlegen wir nur kurz, was es mit der Scham auf sich hat, denn du hast nicht nur etwas bereut, sondern dich auch dafür geschämt. Wer sich schämt, sagt ‚Nein' zu sich. Man findet nicht nur das schlecht, was man getan hat, vielmehr fühlt man auch, dass man selbst nicht in Ordnung ist, und lehnt sich als Mensch ab. Du siehst, ‚sich schämen' und ‚es bereuen' haben eines gemeinsam: Man stellt sich selbst infrage und sagt nicht ‚Ja' zu sich."

„Aber warum tut sich der Mensch nur so etwas an?"

„Weil sich der Mensch, wie wir schon besprochen haben, nicht als Mensch, sondern als Ware sieht. Du weißt, eine Ware hat einen Marktwert: Wenn eine Ware bestimmte Eigenschaften hat, ist sie wertvoll und gut, und wenn sie diese Eigenschaften nicht hat, ist sie wertlos. Durch diese ‚Markt-Brille' sieht der Mensch auch sich selbst und versucht, mit diesem und jenem Tun und Haben eine gute Ware und markt- und konkurrenzfähig zu sein. Sich zu schämen ist nichts anderes, als um seinen Marktwert zu fürchten. Weil der Mensch auch sich selbst als Ware versteht und nicht als Mensch, weiß er nicht, dass er unbegründbar gut ist."

„Der Mensch macht aber doch so viel Dummes, Schlechtes und Grausames. Was ist damit?"

„Das Dumme, Schlechte und Grausame ist das, was der Mensch tut, aber nicht, was der Mensch ist."

„Ich ahne schon: Möglicherweise haben einige meiner Hoffnungen auch etwas damit zu tun, eine gute Ware zu sein. Deshalb lass uns ganz schnell auch meine Hoffnungen anschauen."

Da griff Verliebtheit neben sich und pflückte einen Halm vom Boden, und während sie damit in einem der Haufen stocherte, fuhr sie fort:

„Dieser Haufen enthält meine Hoffnungen. Fällt dir da was auf?"

„Ja, natürlich. Ich sehe, an einigen deiner Hoffnungen hängen dicke Enttäuschungen. Kein Wunder, dass sich so viele Enttäuschungen bei dir angehäuft haben. Ich war ja dabei und habe es erlebt, als du eine in Enttäuschung verwandelte Hoffnung weggeworfen hast, sie aber zurückrollte und wieder in deinen Rucksack schlüpfte. Und da liegen sie nun vor dir."

„Ja, leider. Schließlich habe ich es auch selbst hunderte Male erlebt. Ich weiß jetzt, wo diese Hoffnungen, welche die Enttäuschung in sich tragen, hingehören: Ich werde sie hier begraben. Mein Problem betrifft aber die restlichen Hoffnungen, die noch offen sind und noch nicht mit Enttäuschung befleckt. Ich weiß nicht so recht, wie ich sie sortieren soll.

Bei einigen meiner Hoffnungen – ich nenne sie ‚pure Hoffnungen' – habe ich das Gefühl, sie liegen nicht in meiner Hand, sondern im Schoß des Schicksals. Diese Hoffnungen kommen wieder in meinen Rucksack hinein. Bei den anderen Hoffnungen denke ich, da sollte ich selbst was machen, das sind sozusagen meine Aufgaben. Dann frage ich mich aber, wenn ich selbst was machen soll, wo bleibt dann die Hoffnung?"

„Es ist wirklich sehr schön, wie du dieses Problem angehst, du hast es ja auch fast selbst gelöst. Das Wissen hast du, nur die Entscheidung fehlt noch."

Da überlegte Verliebtheit einen Augenblick lang, legte den Halm beiseite und griff eilig in den Haufen ihrer Hoffnungen hinein, schob einige von ihnen hin und her, und am Ende lagen drei sauber getrennte Haufen von Hoffnungen vor ihr. Der größte enthielt die besagten Hoffnungen, die mit Enttäuschungen behaftet und von vornherein erkennbar waren und leicht von anderen Hoffnungen zu trennen. Der zweite, der fast ebenso groß war, enthielt die Hoffnungen, von denen Verliebtheit sagte, dass sie selbst etwas tun müsse. Der dritte Haufen der puren Hoffnungen war sehr, sehr winzig, er enthielt nur eine einzige Hoffnung.

Als Verliebtheit mit dem Sortieren fertig geworden war, schaute sie Liebe fragend an. Liebe lächelte bestätigend zurück.

„Ich sehe, du hast auch die Entscheidung getroffen."

Nach einem tiefen Atemzug seufzte Verliebtheit erleichtert:

„Gott sei Dank. Der schwerste Brocken ist erst einmal geschafft. Es ist klar: Die Entscheidung über die Sortierung ist getroffen, aber meinen Beitrag muss ich doch noch leisten und dafür brauche ich meine Zeit. Jetzt muss ich nur noch einen Blick auf meine Erinnerungen werfen."

Da fuhr Verliebtheit mit der Hand erst ein paar Mal über ihre Erinnerungen, die in einer Reihe aufgestellt waren. Dann hob sie ihre Hand und schlug damit gezielt in die Reihe zwischen die Erinnerungen und äußerte entschlossen:

„Diese Aufteilung war eigentlich von Anfang an klar. Die schönen Erinnerungen, die paar wenigen auf der rechten Seite, gehen mit, und der Rest, die hässlichen Erinnerungen, sind nur eine unnötige Last. Die bleiben hier."

Sie schob diese mit ihrem Handrücken zur Seite und räumte dann summend ihre verbleibenden Spielzeuge ein, indem sie die schönen Erinnerungen, die pure Hoffnung und die Hoffnungen, die erfüllt wären, wenn sie ihren Beitrag leisten würde, sorgsam in den Rucksack legte. Dann stand sie fröhlich und beschwingt auf.

„Ich fühle mich wohl und gehe so leichtfüßig, als würde ich fliegen. So sollten wir unseren Weg fortsetzen."

Dann reichte sie Liebe ihre Hand, um ihr beim Aufstehen behilflich zu sein.

Sie waren nicht einmal zehn Schritte gegangen, da drehte sich Verliebtheit noch einmal um, warf einen Blick auf die Unmenge an Erinnerungen, Hoffnungen und Enttäuschungen, die sie weggeworfen hatte, und winkte ihnen mit der Bemerkung zu:

„Adieu, meine unnötige Last. Adieu."

Der Weg, den sie jetzt gingen, verlief so, als würde er den Weg der Sonne, die noch in halber Höhe am Himmel hing, am Horizont kreuzen. Aus ihrer guten Laune heraus sagte Verliebtheit scherzhaft:

„Schau, die Sonne läuft schneller als ich. Heute früh schien sie mir von hinten und jetzt ist sie mir weit voraus und scheint mir von vorn. Sie hat mich überholt."

„Ich sehe es anders. Die Sonne, die Erde, der Mond und was sonst noch am Himmel seine Bahnen zieht, sie alle laufen den Weg entlang, der ihnen vorbestimmt ist. Du aber läufst auf deinem eigenen Weg, den du gewählt und bestimmt hast. Und wer seinen eigenen Weg geht, kann nicht überholt werden."

Verliebtheit freute sich auch über diese Erkenntnis, dass sie auf ihrem eigenen Weg nicht überholt werden könne, und lief weiter vergnügt neben Liebe her. Nach einigen Minuten und hunderten von Schritten stellte Liebe fest, dass Verliebtheit langsamer lief und etwas zurückgeblieben war. Sie blieb daraufhin stehen. Als Verliebtheit sie wieder einholte, stellte Liebe fest, dass Verliebtheit nicht mehr so vergnügt, sondern eher nachdenklich wirkte. Der besorgte Gesichtsausdruck von Liebe veranlasste Verliebtheit zu einer Erklärung:

„Weißt du, ich habe ja den Inhalt meines Rucksacks überprüft und dachte, ich hätte den ganzen Schrott jetzt hinter mir gelassen. Aber nach meiner ersten Euphorie der Leichtigkeit spüre ich noch eine Restschwere in mir. Ich habe noch Sehnsucht und Angst und ich merke jetzt noch deutlicher, dass auch sie ihr Gewicht haben und schwer wiegen."

„Ja, klar. Sehnsucht und vor allem Angst können ganz schön schwer wiegen. Lass uns aber zuerst deine Sehnsucht anschauen, denn der Vorhang der Sehnsucht lässt sich leichter zur Seite schieben als die Mauer der Angst. Bevor man jedoch etwas beseitigen will, ist es sinnvoll und notwendig zu erkennen, was genau es eigentlich ist, das beseitigt werden soll. Daher muss erst die Frage beantwortet werden, was Sehnsucht ist."

„Ich weiß nicht, ob deine Frage an mich gerichtet ist, aber ich möchte dennoch versuchen, sie zu beantworten. Ich schaue gerade meine Sehnsucht an: Ich sehe, da war etwas, das sehr schön gewesen ist, und ich wünschte, es würde wiederkommen."

„Wenn wir das, was du eben so klar als Sehnsucht beschrieben hast, mit uns nun vertrauten Worten benennen, wird noch klarer, was Sehnsucht ist: nämlich etwas, das schön war, also eine Erinnerung, und etwas, das sich wiederholen sollte, also eine Hoffnung. Demnach ist Sehnsucht eine schöne Erinnerung mit einer Prise Hoffnung."

„Aber kann man Sehnsucht nur nach etwas haben, das man schon einmal erlebt hat? Kann man sich nicht auch nach etwas sehnen, das man nie gehabt hat, oder sich einfach etwas vorstellen, das man gern in der Zukunft hätte?"

„Natürlich kann man solche Sehnsüchte und Vorstellungen haben, aber mach dir bewusst, dass Vor-Stellen etwas voraussetzt, das du vielleicht schon mal gehört oder gesehen hast, wovon du eine leise Ahnung hast, also es irgendwie aus der Vergangenheit kennst. Damit sind Sehnsüchte ein Echo vergangener Wünsche, die in der Zukunft widerhallen."

„Und jetzt? Wie gehe ich mit meiner Sehnsucht um?"

„Du hast das Zauberwort ja selbst schon einmal sehr treffend verwendet. Nimm aus deiner schönen Erinnerung die Hoffnung heraus, dann bleibt ‚pure' Erinnerung übrig, und die kannst du mit Freude und für alle Zeit in dir tragen. Du weißt ja: nicht in der Vergangenheit verweilen. Ich denke, das wäre das Beste überhaupt, wenn man die Zukunft nicht durch Sehnsüchte färbt, belastet und einengt, sondern nur als die Summe der Möglichkeiten sieht.

Vielleicht kann ich das mit folgendem Bild noch besser verdeutlichen: Der Regen des Lebens besteht aus tausenden und abertausenden Tropfen der Freude, der Angst, der Freundschaften, des Neides, der Pflichten, der Last, der Hetze, des Genusses, des Leides und vielem mehr. Wenn man in der Vergangenheit verweilt, ist das damit vergleichbar, dass aus den Tropfen der Angst, der Gier und der schlechten Erfahrungen eine Flut wird, die eine Unmenge Schlamm mitschleppt und viele der fruchtbaren Böden des Lebens unter sich begräbt. Dieser liegenbleibende schwere Schlamm ist die Last der Vergangenheit. Im Augenblick zu verweilen hieße dagegen, dass die trüben Tropfen sofort im Boden der Vergessenheit versinken würden, während die Tropfen der Freude, der Aufgaben, des Genusses, der Freundschaften und so weiter sich zu klaren Seen sammeln und mit ihren sanften Bächen den Durst der fruchtbaren Gärten und Felder löschen würden."

Verliebtheit bedeckte für die Dauer einiger Gedanken ihr Gesicht mit ihren zarten Händen und verpackte ihre Gedanken in Worte:

„Ach, die Peitsche und das Zuckerbrot der Zeit, Vergangenheit und Gegenwart. Wieder einmal erkennen, wie man Ballast abwirft und leichter wird. Du weißt nicht, wie dankbar ich dafür bin, so allmählich die Kunst der

Leichtigkeit zu erlernen." Nach einem Lächeln und mehrmaligem Nicken fuhr Verliebtheit fort:

„Ist das nicht schön? Ich schäme mich nicht mehr, dass ich nicht weiß, ob es jetzt meine Ungeduld oder doch eher meine Neugier ist, dass ich wissen will, was ich mit meiner Angst machen und wie ich sie loswerden kann."

„Ich erkenne es an deiner Freude: Es ist keine Ungeduld, sondern Neugier, denn Neugier ist ein Fragespiel der Freude."

„Dann gehen wir meiner Neugier entgegen. Wie werde ich meine Angst los?"

„Schau, ich weiß nicht, ob dir etwas aufgefallen ist, als du den Inhalt deines Rucksacks sortiert hast. Einige deiner Erinnerungen, sowohl die hässlichen, die du weggeworfen hast, als auch die schönen, die du mitgenommen hast, hatten eine bestimmte Färbung."

„Ja, ich habe es bemerkt, aber ich dachte, das hätte keine Bedeutung."

„Doch, diese Färbung ist sehr wichtig, denn sie ist die Farbe der Angst. So wie die Enttäuschungen an einigen Hoffnungen haften, so haften auch Ängste an Erinnerungen und färben sie, noch treffender gesagt: Sie umhüllen sie mit ihrem Schatten. Denn bis auf eine einzige Ausnahme existiert die Angst nur durch Erinnerungen …"

„Aber ich habe auch Angst vor Dingen und Ereignissen, die passieren könnten, also noch in der Zukunft liegen. Und an die Zukunft kann ich doch keine Erinnerung haben, und ohne Erinnerung, wie du sagtest, auch keine Angst, oder?"

„Nicht ganz richtig. Deine Zukunftsängste sind Ängste aus der Vergangenheit, die in die Zukunft gerutscht sind, genau genommen, die du in der Zukunft siehst. Nebenbei gesagt, nicht als Lösungsweg, aber als gute Verständnishilfe: Wer sein Gedächtnis verliert, der verliert auch seine Ängste."

„Und wenn ich die Zukunft in Ruhe lasse und nur in der Gegenwart lebe, wo geht dann die Angst hin?"

„Dann hast du auch keine Angst mehr. Vergangenheit und Zukunft sind der Lebensraum und die Atemluft der Angst. Im Augenblick zu verweilen entzieht der Angst ihren Lebensraum und ihre Luft zum Atmen. Wie gesagt: Angst ist entweder Erinnerung an Vergangenes oder der Gedanke an die Zukunft. Augenblick und Angst schließen einander aus."

Verliebtheit nahm behutsam die Hand von Liebe und sagte leise:

„Sei mir bitte nicht böse, weil ich mich, was die Angst betrifft, noch sehr schwertue. Zu meinem Verständnis noch eine Frage: Wenn mich jetzt ein Wolf angreifen würde, dann hätte ich doch jetzt auch Angst und diese Angst wäre weder in der Zukunft noch in der Vergangenheit, sondern jetzt und in diesem Augenblick. Du hast aber gesagt, dass sich Angst und Augenblick ausschlössen. Trotzdem hätte ich in diesem Augenblick Angst. Da stimmt doch etwas nicht."

„Ich kann dich sehr gut verstehen, doch der Grund, weshalb du hier einen Widerspruch siehst, liegt darin, dass du das Gefühl, das entstünde, wenn dich der Wolf angreifen würde, als Angst bezeichnest. Ich bezeichne solche Gefühle dagegen als Rettung, denn sie sind der Antrieb, der dich dazu bewegt, alles zu tun, um dich zu schützen, die Gefahr abzuwenden und dich zu retten. Deshalb kann Rettung nur in der Gegenwart stattfinden, denn retten kann man sich weder in der Vergangenheit noch in der Zukunft."

So klar auch all das schien, was Liebe ihr erklärt hatte, so blieb Verliebtheit doch an einem Punkt hängen, den sie mit Liebe erörtern wollte:

„Stell dir mal vor, jemand bekommt manchmal einen lebensbedrohlichen Anfall und eine bestimmte Medizin kann ihn retten. Wenn er nun einige Wochen verreisen muss und diese Medizin mitnimmt, sorgt er doch vor.

Damit hat er doch dafür gesorgt, dass er auch während seiner Reise, gerettet werden könnte. Wäre das denn keine Rettung in der Zukunft?"

„Nein, denn die Rettung fand in dem Augenblick statt, in dem diese Person ihre Medizin eingepackt hat. Die Rettung aus den zukünftigen Anfällen ist nur eine Folge davon."

„Oh Gott, ich ahne schon, dass es mir in manchen Situationen sehr schwerfallen dürfte, zwischen Rettung und Angst zu unterscheiden. Wenn mich die Angst packt, setzt mein Verstand aus, doch wenn ich Leichtigkeit erreichen will, muss ich auch meine Angst überwinden. Das werde ich sicher auch schaffen, denn Leichtigkeit ist nicht mehr meine Hoffnung und mein fernes Ziel, sondern mein wachsender Flügel."

Nun wollte Verliebtheit wissen, was Liebe von ihren Gedanken, Erlebnissen und Entscheidungen hielt. Deshalb fragte sie:

„Sind meine Sichtweise und mein Vorhaben jetzt richtig? Kann man sagen, ich sei jetzt auf dem richtigen Weg?"

„Ja, es ist ganz und gar richtig, was du machst und was du vorhast. Da es dir aber um Leichtigkeit geht, möchte ich noch erwähnen, dass Freunde und Freundschaft auch sehr viel zu einem leichten und schönen Leben beitragen.

Zu guten Freundschaften gehört natürlich auch das Geben und Nehmen, das nicht aus Pflicht, sondern aus Freude geschieht.

Nun wieder zurück zu deiner Frage, ob du auf dem richtigen Weg bist: Du weißt jetzt, was du brauchst, hat Macht über dich und du kannst nicht lieben, was du brauchst. Du kennst nun das Süße und das Giftige am Verliebtsein und hast mittlerweile die Besonnenheit, das Süße zu genießen, ohne am Giftigen zugrunde zu gehen. Du kennst auch die Quelle aller unnötigen Bedürfnisse, den wunden Punkt. Mit diesem Wissen bist du in der Lage, deinen wunden Punkt zu heilen und glücklich zu leben. Wenn du mit dem richtigen Weg den Weg zu einem schönen, befriedigenden Leben und einem leichten, befreiten Dasein meinst, dann gehst du den richtigen Weg."

„Kann das sein, dass ich in deiner Antwort noch ein ‚Aber' höre?"

„Ja, das stimmt. Das, was du bisher erreicht hast und was du noch vorhast, führt zu einem guten und schönen Leben und jeder, der diesen Weg geht, wird auch ein leichtes und erfülltes Leben haben. Du musst dir dennoch vollkommen im Klaren darüber sein, dass der Weg zu einem schönen und glücklichen Leben, so wundervoll und erstrebenswert es auch sein mag, letztlich ein anderer

Weg ist als der Weg zum Übergang. Dies musst du ganz genau unterscheiden."

„Übergang? Was ist das? Übergehen in was?"

„In Liebe übergehen."

Für das, was diese Antwort in Verliebtheit auslöste, gab es keine ihr vertrauten Gefühle und keine Worte, um es zu beschreiben. Verliebtheit wiederholte nur innerlich die Worte von Liebe: ‚In Liebe übergehen. In Liebe übergehen', und schwieg, bis sie ihr langes Schweigen mit der Frage unterbrach:

„Kann ich das?"

„Willst du das?"

„Oh ja. Als ich heute früh sagte: ‚Ich will auch Liebe sein', wusste ich eigentlich noch nicht, was ich da sagte. Aber jetzt, nachdem ich dich erlebt habe, sage ich aus ganzem Herzen Ja. Ja, ich will den Übergang, das Übergehen in Liebe."

Vertreibung aus dem Paradies

Liebe war voller Freude über das überzeugte Bekenntnis und den von tiefstem Herzen stammenden Wunsch von Verliebtheit, in den Übergang einzutreten, um Liebe zu werden. Liebe war jedoch auch besorgt, denn sie wusste ebenfalls, welch unbeschreibliche Überwindung es kostet, in den Übergang einzutreten, und welches immensen, gar übermenschlichen Willens es bedarf, den Übergang auch zu vollziehen.

Es war klar, dass Ratschläge und Empfehlungen jetzt nicht die richtigen Schritte wären. Deshalb entschied Liebe sich dafür, Verliebtheit erst einmal durch richtungsweisende Fragen für die Annäherung an den Übergang vorzubereiten. Ihrem Entschluss folgend, fasste Liebe alles Besprochene zusammen, um daraus die richtigen Fragen einzuleiten:

„Wir haben uns so manches über unnötige Bedürfnisse und krankes Brauchen durch den Kopf gehen lassen. Wir haben auch erkannt, wie der Mensch in der Regel damit umgeht und eigentlich umgehen sollte. Auch die Hoffnungen, Erinnerungen, Enttäuschungen, Sehnsüchte und Ängste haben wir durch das engmaschige Sieb der Erkenntnis und der Weisheit bereinigt. Doch wir haben uns nicht die Frage gestellt, seit wann der Mensch überhaupt krankes Brauchen und unnötige Bedürfnisse hat."

„Ja, stimmt. Das ist wirklich eine gute Frage. Seit wann hat der Mensch eigentlich kranke Bedürfnisse?"

Liebe holte tief Luft und in ihr Ausatmen war die Antwort gehüllt:

„Seit der Mensch aus dem Paradies vertrieben worden ist."

„Ach, die Geschichte. Die kenne ich. Aber was hat die Vertreibung aus dem Paradies mit kranken Bedürfnissen zu tun?"

„Kennst du diese Geschichte wirklich?"

„Ja natürlich."

„Dann erzähl sie doch mal."

„Soll ich tatsächlich die ganze lange Geschichte erzählen?"

„Diese Geschichte ist doch nicht so lang, vor allem ihr Sinn, sozusagen die Moral der Geschichte, ist sogar sehr kurz."

„Gut, dann erzähle ich die Geschichte: Als Gott Adam und Eva, also den Menschen, schuf, lebten sie sorglos und glücklich im Paradies, und sie hätten auch bis in alle Ewigkeit dort bleiben können, wenn sie die Frucht von einem bestimmten Baum nicht gegessen hätten. Adam wurde jedoch verführt und aß die Frucht vom verbotenen Baum – das war ein Apfel. Nachdem er die Frucht gegessen hatte, wurde er samt seiner Gemahlin aus dem Paradies vertrieben. Das ist die ganze Geschichte."

„Ja, im Großen und Ganzen ist sie das. Aber was ist die Moral der Geschichte?"

Verliebtheit kratzte sich an der Stirn und kniff ihre Augen zusammen, dann antwortete sie mit leisem Zweifel in der Stimme:

„Ja, also, die Moral der Geschichte … Ich glaube, man sollte eben nicht etwas tun, das verboten ist."

„Und was war daran so schlimm? Warum war diese Frucht verboten?"

Nach weiterem Nachdenken lautete ihre Antwort:

„Jetzt fällt es mir ein. Dieser Apfel war bestimmt deshalb verboten, weil er die Frucht vom Baum der Erkenntnis war."

„Vom Baum der Erkenntnis zu essen hieße ja, etwas zu erkennen, doch Erkennen kann ja nicht etwas Schlechtes sein. Deshalb bleibt die Frage auch unbeantwortet: Was war an diesem Erkennen so folgenschwer, dass es den Menschen das Paradies kostete?"

„Ich hab es ja versucht, aber ich glaube, ich kann diese Frage wirklich nicht beantworten."

„Mach dir keine Sorgen, du bist nicht die Einzige. Dann lass uns gemeinsam herausfinden, warum der Mensch aus dem Paradies vertrieben wurde. Schau, die Antwort liegt in der Geschichte selbst. Geschichten sagen aber nicht direkt, was sie sagen wollen, sondern in einer geheimen Sprache, im übertragenem Sinne, in Bildern. Du hast bestimmt schon einige Gemälde oder Bilder von Adam und Eva gesehen, oder?"

„Ja, ja, hunderte, und auf allen Bildern waren sie nackt."

„Aber nicht ganz."

„Stimmt. Sie hatten ein Feigenblatt vor ihrem Geschlecht."

„Ja, genau da fängt auch das Wesentliche bei dieser Geschichte an. Damit, dass sie ein Feigenblatt brauchten, hängt die tiefe Wahrheit hinter der Vertreibung aus dem Paradies zusammen."

„Wie bitte, ein Feigenblatt soll das Wesentliche bei dieser Geschichte und der Grund für die Vertreibung aus dem Paradies sein?"

„Nein, nicht das Feigenblatt selbst ist das Wesentliche. Es ist nur eine Metapher und soll etwas Wichtiges …"

„Warum so kompliziert? Adam und Eva haben sich einfach mit dem Feigenblatt bedeckt!"

„Gerade dahinter, dass sie sich bedeckt haben, liegt die tiefe Wahrheit verborgen."

„Entschuldige bitte, aber ich sehe da keine tiefe Wahrheit. Die Sache ist doch klar und liegt auf der Hand. Als sie den Apfel vom Baum der Erkenntnis aßen, haben sie erkannt, dass sie nackt sind, haben sich geschämt und sich deshalb bedeckt."

„Du hast die Geschichte jetzt zwar etwas ausführlicher erzählt, doch nicht enträtselt und das Geheimnis, die verborgene Botschaft in der Geschichte, nicht enthüllt. So klingt sie wie eine Gutenachtgeschichte zum Einschlafen und nicht wie ein Donnerschlag zum Aufwecken. Ich gebe zu, der Sinn dieser Geschichte ist wirklich etwas verborgen. Wie auch immer, lass uns Schritt für Schritt dieses Geheimnis enträtseln …"

Da schlug Verliebtheit vor:

„Bei der Enträtselung dieser Geschichte werden bestimmt viele Fragen auftauchen. Bitte stelle und beantworte die Fragen selbst, so kann ich besser aufnehmen, was ich verstehen und wissen soll."

„Gut, dann machen wir es so. Einen wichtigen Teil der Geschichte hast du ja schon selbst erzählt: Die beiden Paradiesbewohner, Adam und Eva, haben erkannt, dass sie nackt sind. Die Frage ist nun: Was ist das Wesentliche an dieser Erkenntnis?

Das Wesentliche an dieser Erkenntnis ist ihre Voraussetzung. Was aber ist die Voraussetzung dafür, dass man erkennt, dass man nackt ist?

Um zu merken, dass er nackt ist, muss ein Mensch erst einmal merken, dass es ihn überhaupt gibt, dass er existiert. Zu dieser fundamentalen Erkenntnis ist Adam gekommen, als er von der Frucht vom Baum der Erkenntnis gegessen hatte. Er ist sich seiner selbst bewusst geworden."

Eilig, als wolle sie Liebe nicht unterbrechen, merkte Verliebtheit an:

„Das ist doch gut, dass Adam erkannt hat, dass es ihn gibt, dass er existiert."

„Einerseits ja. Diese Erkenntnis ist sehr wichtig, sogar entscheidend, denn sie bedeutet den Übergang vom Tier zum Menschen, der Sprung vom Fleisch zum Geist. Diese Erkenntnis ist die goldene, die helle Seite der Menschwerdung. Andererseits hat sie aber auch eine dunkle und sehr bedrohliche Seite mit einer verheerenden Folge: Ab dem Augenblick, in dem der Mensch erkannte, dass es ihn gibt, wurde ihm auch bewusst, dass es ihn eines Tages nicht mehr geben wird. Er hat erkannt, dass er sterben würde. Seine Sterblichkeit ist ihm bewusst geworden, und dieses Wissen um die Sterblichkeit war das Ende der Leichtigkeit und des sorglosen Daseins. Es war die Geburtsstunde der Angst. Das war die Vertreibung aus dem Paradies und das ist die tiefe Wahrheit hinter dieser Geschichte.

Um die Moral der Geschichte etwas runder darzustellen, fasse ich es einmal so zusammen: Das Essen der verbotenen Frucht und die Menschwerdung sind ein und dasselbe. Die Menschwerdung ist nichts anderes als das zu Geist gewordene Fleisch, verbunden mit dem Wissen um die Sterblichkeit. Du weißt ja, das oberste Gebot des Lebens ist Selbsterhaltung und der Selbsterhaltungstrieb ist der stärkste Trieb. Er scheitert jedoch an den unüberwindlichen Mauern der Sterblichkeit. Sterblichkeit bedeutet Vergänglichkeit, und wenn der Mensch vergänglich ist, dann drängt sich die Frage auf, was der Sinn seines Daseins und seines Lebens ist. Der Verlust dieses Sinns ist das Erlebnis der aus dem Paradies Vertriebenen – und darin liegt die tiefe Wahrheit dieser Geschichte. Nun lebt der Mensch mit dem Wissen um seine Sterblichkeit und der unbeantworteten Frage nach dem Sinn des Lebens, und der Umgang damit ist die Quelle all seiner Ängste und seiner kranken Bedürfnisse."

„Der Mensch hat sowieso zu viele Ängste. Auf eine Angst mehr oder weniger kommt es dann doch auch nicht mehr an."

„Oh nein! Die Angst vor der Sterblichkeit hat eine andere Dimension. Sie ist die Mutter aller Ängste und stellt darüber hinaus den Sinn des Lebens infrage. Ohne die Antwort auf die Frage, was der Sinn des Lebens ist, bleibt der Mensch auch orientierungslos. Alles, was er dann tut, ist je nach Reifegrad seiner Persönlichkeit entweder ein bewusstes Streben nach der Sinnfindung oder ein unbewusstes Fliehen vor dem Tod und manchmal sogar eine Mischung aus beidem. Warum gibt es Philosophen, warum gibt es die jahrtausendelange Suche nach der Wahrheit und dem Sinn? Und warum wollen andere einen Sohn haben, berühmt, mächtig oder Ähnliches sein? Die Antwort ist: Während die einen in der Suche selbst einen Sinn sehen, begnügen sich die anderen bloß mit einem Schein der Sinnhaftigkeit und mit einem Anschein des

Überdauerns und leben mit dem Widerspruch der vergänglichen Ewigkeit. Wenn man genau hinschaut, erkennt man, wie nachhaltig diese Menschen ihre Sterblichkeit vor sich selbst verbergen und vergessen. Sie verwechseln ihre Landkarte mit der Landschaft und die Verpackung mit dem Inhalt, oder konkreter gesagt, sie werden durch die Gestaltung ihres Lebens vom Sinn des Seins abgelenkt. Sonst würden sie ihr Leben nicht derart vehement so gestalten, als würden sie ewig leben."

„Aber Sterblichkeit, Lebensgestaltung, Sinnfrage …"

Verliebtheit konnte ihre Gedanken nicht schlüssig zu Ende bringen und schaute Liebe nur fragend an. Dennoch beantwortete Liebe die nicht gestellte Frage:

„In Wirklichkeit vergisst der Mensch nicht, dass er sterblich ist. Nur verdeckt der Schleier des Selbsterhaltungstriebs gepaart mit dem alltäglichen Kampf des Daseins den Blick darauf. Der Mensch weiß, dass er sterblich ist, aber er handelt nicht nach dem, was er weiß, sondern nach dem, was er fühlt und was ihn antreibt. Gefühle und Triebe sind nun mal viel, viel mächtiger als das Wissen und Denken. Die nahe Erfahrung, lebendig zu sein, ist verheißungsvoller als der ferne Tod. Doch man kann nur mit der Realität glücklich werden und dort, wo die Augen vor der Realität verschlossen werden, zum Beispiel vor der

Realität des Todes, dort ertränkt Schmerz das Herz und Angst trübt die Seele. Ich will es auf den Punkt bringen: Angst vor dem Tod ist Angst vor dem Leben in seiner Ganzheit. Wer aber ein erfülltes Leben hat, kann gelassen gehen. Die Reise zur Liebe fängt jedoch schon vor dem Paradies an und geht über die Vertreibung aus dem Paradies und auch über den Tod hinaus."

Übergang

Die Sonne begann hinter dem Horizont zu versinken und streichelte die Wolkenflocken mit den bunten Farben des Feuers. Verliebtheit spürte noch die sanfte Wärme der Sonne auf ihren Wangen und genoss das farbenfrohe Bild, das die Sonne an den Himmel gemalt hatte. Dann fasste sie das Wesentliche dessen, was Liebe gesagt hatte, für sich zusammen.

‚Was nicht lebt, kann auch nicht sterben – wie ein Stein, der nicht stirbt, weil er nicht lebt. Also ist Tod ein Bestandteil des Lebens, sogar der zwangsläufige Rahmen für das Leben.' Bis dahin war für Verliebtheit alles einleuchtend und klar. Ihr nächster Gedanke war: ‚Je leichter ich lebe, umso leichter und angstfreier kann ich sterben.' Auch das war ihr mittlerweile klar geworden. Eine Frage blieb dennoch: ‚Was hat das alles mit Liebe zu tun? Ich habe gelernt, wie ich glücklich leben und gelassen sterben kann. Habe ich auch gelernt zu lieben? Bin ich jetzt Liebe? Weiß ich überhaupt, wann Liebe beginnt? – Nein.' Bei diesem Nein wurde Verliebtheit klar, dass sie mit Selbstgesprächen nicht weiterkam. Wenn es um Liebe geht, dann kann nur Liebe selbst sagen, wie es ab jetzt weitergeht. Damit wandte sich Verliebtheit an Liebe:

„Wir haben vom Leben und Sterben gesprochen, also von einem Anfang und von einem Ende. Ich frage mich nun: Wo ist unser Anfang und unser Ende? Seit wann gibt es uns eigentlich, dich und mich? Und dann wüsste ich endlich auch gern, was Liebe ist und wie ich Liebe werde."

Liebe schaute Verliebtheit einen Augenblick lang an und sagte dann:

„Dich gibt es, seit es Menschen gibt. Mich aber gibt es seit Beginn der Zeit. Dich wird es auch so lange geben, wie es Menschen geben wird. Mich wird es immer geben, solange es die Zeit geben wird."

Verliebtheit war es schon gewohnt, dass viele Gedanken und Äußerungen von Liebe nicht gleich verständlich waren. Aber das, was Liebe jetzt gesagt hatte, übertraf noch ihre gewagteste Vorstellung – und genau das vermittelte sie dieser auch:

„Ich hatte manchmal ein Problem, deine Gedanken nachzuvollziehen, doch deine Worte waren verständlich. Aber was du jetzt gesagt hast, wie ‚Beginn der Zeit' oder ‚solange es die Zeit gibt', da verstehe ich nicht einmal die Worte. Beginn der Zeit? Das begreife ich nicht!"

„Wenn du wüsstest, wie gut ich verstehe, dass du das nicht verstehst. Wieder einmal liegt es nicht an dir: Ein Teil des Ganzen kann nie das Ganze als solches erfassen. Das Vermögen des Verstehens selbst ist begrenzt und der Horizont der Zeit und des Seins liegt weit außerhalb dieser Grenze.

Schau, in deiner Frage, seit wann es mich gibt, stecken in Wirklichkeit zwei Fragen, die wir nacheinander klären müssen: In ‚seit wann' steckt die Frage nach der Zeit und in ‚gibt es mich' die Frage nach der Existenz, dem Sein. Diese beiden Fragen hängen untrennbar miteinander zusammen. Die Zeit zu erfassen und das Sein zu erfassen sind nur verschiedene Blickwinkel auf ein und dieselbe Wahrheit, dieselbe Einheit. Lass uns aber zunächst das Wesen der Zeit und dann das Wesen des Seins betrachten.

Das Wesen der Zeit ist nicht das, was man mit einer Uhr misst. So wie das Grün des Grases nichts über das

Wesen des Grüns aussagt, sagt auch eine Stunde Arbeit oder eine Stunde Bummeln nichts über das Wesen der Zeit aus. Indem du etwas betrachtest, erlebst du den Verlauf der Zeit; du erlebst zwar Minuten, Stunden, nicht aber das Wesen der Zeit. Zeit ist nur eine Erscheinungsform des Seins. Durch Sein ist die Zeit und durch Zeit das Sein entstanden, gleichzeitig und voneinander untrennbar. Wo keine Zeit ist, gibt es auch kein Sein und ohne Sein keine Zeit. Sein und Zeit sind die Summe von allem, was es gibt und was sich verändert. Außerhalb der Zeit und des Seins gibt es nichts."

„Aber doch innerhalb der Zeit und des Seins? Was ist zum Beispiel mit leeren Räumen? Da ist doch nichts."

„Das ist die Schlussfolgerung des Verstandes und die Gewohnheit der sinnlichen Wahrnehmung, von einem Nichts zu sprechen, wenn die Sinne nichts wahrnehmen können. Doch der Raum selbst ist das Sein und die Leere eine unsichtbare und nicht berührbare, also nicht sinnlich erfassbare Erscheinung des Seins.

Nun zum tieferen Verständnis des Seins: Betrachten wir einen Satz, den der Mensch oft benutzt, etwas genauer. Der Satz lautet ‚Ich bin'. Dieser Satz bezieht sich wie ‚Ich liebe' auch auf sehr viele verschiedene Sachen, wie ‚Ich bin ein Tischler, eine Mutter, ich bin traurig, bin alt', und so weiter. Du siehst, all diese ‚Ich bin' beschreiben nur einen Zustand, eine Tätigkeit, ein Gefühl. Dieses ‚Ich bin' steht für alles Mögliche, nur nicht für das, was es wirklich bedeutet, nämlich ‚Sein'. Denn das ‚bin' in ‚Ich bin' stammt von ‚Sein' ab, und ‚Ich bin' bedeutet ‚Ich bin existent'. Alles andere aber, was aus dem Alltags-‚Ich bin' folgt, hat etwas mit Haben, Machen, Wollen und so weiter zu tun und nicht mit dem Sein selbst. Aber wer benutzt schon ‚Ich bin' im puren und tiefsten Sinne einer nie aus dem Sein verschwindenden Existenz? Auch wenn jemand sagt ‚Ich bin da', meint er damit einen Ort oder eine Haltung, so wie in ‚Ich bin für dich da'. Auch dieses ‚Da-Sein' ist bloß die Beschreibung eines Gefühls, eines Bekenntnisses."

Tief Luft holend, bat Verliebtheit:

„Lässt sich das Ganze auch etwas lebensnaher und alltagsgerechter erklären?"

„In Ordnung. Ich mache das alltagsgerecht durch ein Gespräch mit einer erdachten Person, die wir Josef nennen. Ich beginne damit, ihn zu fragen:

‚Wer bist du?'

‚Ich bin Josef.'

‚Das ist nur dein Name. Es gibt tausende andere, die ebenfalls Josef heißen. Der Name bezeichnet nicht, wer du bist, nicht dich als Individuum. Also, wer bist du?'

‚Ich bin ein Tischler.'

‚Das ist nur dein Beruf, nur eine Tätigkeit, mit der du Geld verdienst. Du bist aber nicht dein Beruf oder eine Tätigkeit. Also, wer bist du?'

‚Ich bin der, der mit dir redet, der hier sitzt, der bin ich.' Dabei zeigt er, so stellen wir uns vor, mit seinem Finger auf sich.

‚Das ist nur dein Körper. Wenn du tief schläfst oder in Ohnmacht fällst, bleibt dein Körper da, aber wo bist du dann? Dein Körper kann nicht dein ‚Du' sein. Wer also bist du?'

Da guckt er vielleicht verwundert und schweigt, weil er die endgültige Antwort, wer er ist, nicht kennt. Weil er sich, wie jeder andere Mensch auch, durch seinen Beruf, seine Handlungen, seine Beziehungen zu anderen Menschen und seinen Körper definiert, erfährt er nie, dass ‚Ich bin' zuallererst sein existentielles Sein bedeutet. Das Sein, das viel, viel mehr ist als all das, was er aufgezählt hat. Denn Josef ist ein untrennbarer Teil vom Ganzen und das Ganze ist das Sein. Das Sein ist nicht nur die Basis von Josef, sondern der Raum, die Substanz und die Basis alles Existierenden."

Sichtlich beunruhigt, weil Verliebtheit dachte, sie könnte etwas verpasst haben, äußerte sie:

„Jetzt habe ich erfahren, was das Sein ist: etwas, das alles umfasst, Substanz, Raum und die Basis für alles Existierende. Aber dein Name ist nicht gefallen. Ich habe nichts von Liebe gehört. Wo bleibst du? Wie kann Josef dich finden?"

„Liebe ist kein Gegenstand, den man suchen und finden kann. Liebe zu finden ist, Liebe zu werden."

„Gut. Aber wie wird aus Josef Liebe?"

„Indem er sein individuelles Ich überwindet. Indem er sein Dasein als Josef hinter sich lässt und die Brücke des Übergangs betritt."

„Übergang? Brücke? Brücke zwischen welchen Ufern?"

„Die Brücke des Übergangs von den Ufern des begrenzten individuellen Ich zu dem uferlosen, alles umfassenden universellen Sein. Ich bin das Sein. Das Sein ist die Liebe und die Liebe ist das Sein. Für Josef bedeutet der Übergang, sich aufzulösen, um sich in der Liebe wiederzufinden."

„Mein Verstand hat das begriffen, aber mein Herz und meine Seele haben es noch nicht aufgenommen. Sie brauchen weitere Erklärungen."

„Gut. Dann nehmen wir anstelle von Josef einen anderen Menschen. Normalerweise sieht und beschreibt sich ein Mensch so: ‚Ich bin so und so groß, wiege so und so viel.' Ein Mensch sagt ‚ich' und meint damit die Masse, die durch seine Haut, und die Lebenszeit, die durch seine Geburt und seinen Tod begrenzt sind. Also definiert sich dieser Mensch durch seine zeitlichen und räumlichen Dimensionen, und aufgrund dieser Begrenztheit manifestiert er auch seine Sterblichkeit, denn seine Zeit wird ablaufen und sein Körper zu Staub werden.

Nun stell dir mal vor, dieser Mensch spürt einen Drang, über diese zeitliche und räumliche Dimension, die er sein ‚Ich' und ‚sein Leben' nennt, hinauszuwachsen. Er hat das Bedürfnis, mehr zu sein als ein bloßes Lebewesen, verstrickt in den Kampf des Überlebens. Er hat das bohrende Bedürfnis, mehr zu sein als ein aus dem Paradies Vertriebener. Dieses Bedürfnis ist nichts anderes, als ein Teil des Ganzen sein zu wollen, und als ein Teil des Ganzen kann er nicht aus dem Ganzen herauskatapultiert werden. Was sich ändert, ist nur seine Seinsform: einmal als Mensch, einmal als Teil des Ganzen. Ein Teil vom Ganzen zu sein ist die Überwindung der fleischlichen Existenz und die Unsterblichkeit."

„Es ist wunderbar, was du sagst. Die fleischliche Existenz von Josef habe ich verstanden, doch Josef ist nicht nur Fleisch und Blut. Er denkt, er fühlt, er hat ein Bewusstsein. Was ist damit?"

„Schau, die Substanz, die selbst ein Teil des Seins ist, enthält bereits den Geist des Seins, den Plan der Schöpfung und alles Notwendige für das Überleben der Geschöpfe. Je nach dem Entwicklungsgrad der Geschöpfe umfasst dieser Geist alles – von den einfachsten Instinkten über das Bewusstsein bis zur Fähigkeit zu kreativem Denken. Zum Beispiel tragen die Raupen eines Schmetterlings schon die Form der Flügel und die Leichtigkeit des Fliegens in sich, und die Pollen einer Blume bergen den Zauber ihres Duftes und den Glanz ihrer Farbe. So wie auch schon die Symphonie im befruchteten Ei liegt, die der Mensch, der aus diesem Ei hervorgeht, einmal komponieren wird. Das Gesetz des Seins und der Schöpfung bleibt bestehen und pflanzt sich von einer Generation zur nächsten fort. Die einzelnen Schmetterlinge und Blumen vergehen, so wie auch die fleischliche Existenz von Josef und dem Komponisten vergeht, doch als ein Teil der Schöpfung bleiben sie mit der Schöpfung im Sein für alle Zeiten erhalten: Das Denken und Fühlen von Josef, die bunten Farben der Blumen und die zarten Flügel des Schmetterlings sind die individuellen Erscheinungsformen des umfassenden Geistes des Seins. Die Entstehung der Geschöpfe mit all ihren Fähigkeiten ist die Folge einer tieferen Ordnung, die in jedem noch so kleinen Teil der stofflichen Welt von vornherein herrscht. Jedes auch noch so unvorstellbar winzige und nicht mehr teilbare Teilchen der Materie enthält das ganze Gedächtnis des Seins, seinen Geist und damit auch den Urplan der Schöpfung."

Verliebtheit schwieg einen Augenblick lang und äußerte schließlich:

„Jetzt sind es nicht mehr die Murmeln in meinem Bauch, die mich aufhalten. Die habe ich schon längst überwunden. Ich glaube, ich habe Reisefieber, vielleicht Höhenangst. Womöglich ist das mein Abschied von meinem alten Leben, Abschied von meinem Rucksack."

„Ich denke, ein klarer Blick auf dieselbe Sache, doch aus einer neuen Richtung, hilft dein Reisefieber zu senken und den Abschied zu erleichtern. Schauen wir uns dazu eine Rangliste an: die Rangliste, wie eine Frau ihr Dasein erlebt und gestaltet. Sie existiert – das ist die Basis und die tiefste Ebene. Auf der darüberliegenden Ebene existiert sie als Mensch. Wiederum eine Ebene darüber existiert sie als Frau, und noch darüber ist sie eine Mutter. Jetzt stellt sich die Frage, mit welcher Ebene, mit welchen ihrer Werte und Maßstäbe sie sich identifiziert: Sie kann in ihrer Aufgabe als Mutter aufgehen und in ihrem Mutter-Sein den Sinn und die Erfüllung ihres Lebens finden. Oder sie hat einen anderen Anspruch und will nicht nur eine liebevolle Mutter, sondern auch eine bessere Hälfte für ihren Mann sein oder auch eine Künstlerin oder auf andere Art selbstständig sein. Eine solche Frau zu sein ist daher die Maxime ihres Lebens. Oder ihr Horizont geht weiter als ihr Dasein als Mutter und selbstständige Frau und reicht bis zu dem Dasein als guter und in sich ruhender Mensch. Das ist ein absolut erstrebenswerter Ort des Bleibens und eine Ebene zum Verweilen. Das wünschen wir nicht nur dieser Frau, sondern jedem Menschen, und es ist nicht nur zum Wohle der Menschen, sondern auch der Welt. Aber zurück zu dieser Frau. Vielleicht greift ihre Sehnsucht nach noch Tieferem – dann sind alle anderen Ebenen gut, aber für sie nicht mehr ausreichend und erfüllend. Deshalb zieht es sie zur tiefsten Ebene, zur Ebene des Seins. Wenn diese Anziehung stärker ist als das Haften an ihrem individuellen Ich, wird sie ihr Ich mit all seinen Wünschen, Zielen und Begehren überwinden und durch das Tor des Übergangs gehen und ein Teil des Seins werden. Dann ruht sie in meinem Schoß. Sie wird Liebe."

„Wie recht du doch hattest. Menschen haben Worte erfunden, um Dinge zu benennen. Worte vermitteln aber nicht das Wesen der Dinge. Wie oft haben wir das Wort ‚Liebe' benutzt und wie wenig hat es mir etwas über das Wesen der Liebe gesagt. Jetzt aber, nach einem Tag mit dir, glaube ich die Einheit von Liebe, Sein und Zeit begriffen zu haben. Und dennoch …"

Nach einem nachdenklichen Schweigen fuhr Verliebtheit fort:

„Wann kommt nach unserem unverzichtbaren Philosophieren mein Übergang, um Liebe zu werden?"

„Wenn du deinen Rucksack nicht mehr trägst …"

„Der wiegt doch kaum noch etwas. Darin sind nur noch einige Erinnerungen und Hoffnungen, die ich besonnen und sorgfältig ausgewählt hatte. Und die sind leicht und gut."

„Das ist richtig. Aber ist das wirklich alles, was du noch in deinem Rucksack hast?"

„Du denkst doch an etwas Bestimmtes, wenn du so fragst, oder?"

„Ja, ich denke an das verborgene Brauchen, das bisher unbesprochen und unentdeckt geblieben ist. Und das hat ein großes Gewicht."

Dieses Mal hatten die Worte ‚verborgenes Brauchen' einen anderen Klang und in der Tat ein anderes Gewicht. Verliebtheit spürte den Sinn dieser Worte und dachte: ‚Ich habe doch meine ganzen Spielzeuge durchgesehen. Wo blieb da mein verborgenes Bedürfnis? Das muss doch auch dabei gewesen sein. Warum habe ich es nicht entdeckt?' Kaum hatte sie das gedacht, da fiel ihr das kleine unausgepackte Päckchen in ihrem Rucksack ein, das sie nie beachtet hatte. ‚Ob das verborgene Brauchen vielleicht darin versteckt ist?', fragte Verliebtheit sich. Sogleich griff sie gespannt, neugierig und reichlich aufgeregt nach ihrem Rucksack, öffnete ihn und sah mit Entsetzen, dass nicht nur die Hoffnungen und schönen Erinnerungen, die sie bewusst ausgewählt und sorgsam in ihrem Rucksack aufbewahrt hatte, sondern auch das kleine Päckchen verschwunden waren. Der Rucksack war leer. Kaltes Entsetzen ergriff den ganzen Körper von Verliebtheit.

„Was ist bloß passiert?", rief sie erschrocken. „Ich habe alles verloren! Nichts ist mir geblieben. Mein Rucksack ist leer!"

Liebe legte ihre Hand auf die Schulter von Verliebtheit und flüsterte:

„Aber was hast du wirklich verloren? Nur das, was dich aufgehalten hat. Nichts ist dir geblieben, damit in diesem Nichts die Liebe Platz findet. Die Leere in deinem Rucksack ist die Leichtigkeit in deinem Herzen und das Schweben deiner Seele durch den Übergang."

Diese warmen und heilenden Worte von Liebe befreiten Verliebtheit aus dem Griff des kalten Entsetzens. Neugierig fragte sie:

„Ich spüre, dass etwas Wunderbares mit mir passiert. Aber warum habe ich mich zuerst leer gefühlt und war so unbeschreiblich entsetzt?"

„Weil die langsamen und kleinen Schritte des Verstandes niemals die Weite des Seins und der Liebe erreichen. Weil dein Werden, dein Übergang ins Sein, in die Liebe, jenseits deines Denkens und Bewusstseins liegt. Weil dein Verstand deine Metamorphose nicht begreifen und nicht glauben konnte. Das ist die Gewohnheit deines Denkens, die auch den leeren Rucksack noch festhält und mitschleppt."

Nun wurde Verliebtheit von einer unbeschreibbaren Freude, Wärme und Gelassenheit ergriffen, dem Gefühl, über den Dingen zu schweben, überall zu sein und doch gleichzeitig vollkommen präsent, ganz im Hier und Jetzt.

Lustvoll erwähnte sie:

„Nur am Rande gefragt: Wo sind nun die schönen Dinge aus meinem Rucksack geblieben?"

„Als ein Schatz in deinem Herzen und nicht mehr als Last auf deinen Schultern. Stell dir mal vor, du hast einen Apfel in der Hand, der schön aussieht und gut riecht. Und dann isst du diesen Apfel. Würdest du nun sagen, dass der Apfel weg ist? Ja, nicht mehr in deiner Hand. Aber du hast den Apfel gegessen, er ist in dir, er ist in dein Blut und in dein Fleisch eingeflossen. Er ist in deinem Herzen und in deinem Kopf, er fließt in deinen Gefühlen und in deinen Gedanken. Der Apfel ist ein Teil von dir geworden. Ja, der Apfel ist nicht mehr in deiner Hand, so wie der Rucksack nicht mehr auf deinen Schultern. Der Apfel ist in deinem Leib, wie das Schöne in deinem Rucksack als ein Schatz in deinem Herzen."

„Und das nicht ausgepackte Päckchen?"

„Erinnerst du dich: Als wir uns begegnet sind, sagte ich dir, dass tief in deinem Herzen, wo du es nicht einmal selbst wahrnimmst, ich schon immer dein Ziel gewesen bin. Ich war der Inhalt deines kleinen unausgepackten Päckchens, deine verborgene Sehnsucht nach Liebe. Du hast mich schon immer mit dir getragen, doch nicht in deinem Herzen. Jetzt aber, da du mich selbst unverpackt wahrnimmst und langsam in dich aufnimmst und der Durst deiner Sehnsucht gelöscht wird, hat sich das Päckchen aufgelöst."

Als Verliebtheit nun auch den leeren Rucksack wegwerfen wollte, doch dann nicht mehr erstaunt, sondern freudig feststellte, dass der Rucksack ebenfalls verschwunden war, sagte sie leise:

„Ich glaube, der Rucksack ist dem Päckchen gefolgt."

Polarstern

Der graue Himmel und ein diffuses Licht ohne Richtung waren Zeugnis vom Abschied der Sonne. Der Begleiter der Sonne, der Tag, machte sich auch langsam bereit, von diesem Ort Abschied zu nehmen. Aber diesem Tag, dem Tag der Begegnung von Liebe und Verliebtheit, fiel der Abschied schwer. Dieser Tag wusste, dass er für die Berge und Täler, Wiesen und Wälder in dieser Landschaft ein gewöhnlicher Tag gewesen war.

Doch dieser Tag wusste auch, dass er für Verliebtheit nicht irgendein Tag gewesen war wie tausende und abertausende, die sie vorher erlebt hatte. Dieser Tag war ein Tag mit der Liebe und ein Tag mit der Liebe war ein besonderer, ein außergewöhnlicher Tag. Er war nicht ein Tag, der mit Stunden verging und im Teich der Vergangenheit versank.

Ein Tag mit der Liebe war eine Nische in der Ewigkeit, er war der Raum für Sinn, er war der Punkt des Ankommens. Deshalb war der Tag sehr neugierig, was Verliebtheit aus ihm machen würde, aus einem Tag mit der Liebe, und wartete gespannt mit den letzten Minuten, die ihm an diesem Ort noch verblieben, was mit Verliebtheit geschehen würde. Dieses erwartungsvolle Warten war in der Tat berechtigt, denn der Tag hatte ja seit eh und je die Erde umkreist und war immer auf einer Hälfte der Erde anwesend. Er hatte mit Staunen feststellen müssen, dass – wo auch immer er ankam – die Liebe schon da war, und jedes Mal, wenn er ging, die Liebe blieb. Deshalb war der Tag immer von Neuem überrascht und über alle Maße traurig, dass keiner außer ihm die Liebe bemerkte und sich an ihrem Feuer wärmte. Er wünschte sich doch so sehr, dass die Menschen die Liebe in sich aufnähmen. Der Tag war es leid, überall, wohin er kam, Trennung und Schmerz, Einsamkeit und Trauer, Krieg und Hass zu sehen, und konnte nicht verstehen, warum Menschen die heilende Hand der Liebe nicht ergriffen, damit es mit dem ganzen Elend aufhörte.

Aber heute, heute schien es anders zu sein. Als Verliebtheit in der Morgendämmerung ihre Reise angetreten hatte, mit dem schweren Rucksack auf ihren Schultern und Zweifel und Schmerz im Herzen, und dann Liebe begegnete, hatte der Tag gewagt, auf ein Verschmelzen von Verliebtheit mit Liebe zu hoffen. Der Tag wusste: Wenn auch nur einer zu Liebe wird, dann wird viel Liebe in die Welt gebracht. Der Tag sah, dass seine letzten Minuten gekommen waren und dass sein Wunsch, den letzten Schritt von Verliebtheit wahrzunehmen, ihm verwehrt bleiben würde.

Da wandte er sich bittend, fast flehend, an die kommende Nacht:

„Es liegt mir am Herzen zu sehen, wie die Begegnung von Verliebtheit mit Liebe ausgeht. Sei so lieb und schau genau hin, wie viel Liebe Verliebtheit in sich aufnimmt. Ob sie vielleicht selbst zu Liebe wird?"

Mitfühlend antwortete die Nacht:

„Ich kann deine bange Neugier so gut verstehen, denn was du als Tag im Hellen siehst, das sehe ich als Nacht im Dunkeln. Ich weiß, wie die Welt aussieht, wenn die Menschen die Liebe nicht sehen, obwohl sie überall um sie herum ist. Aber sei unbesorgt, ich werde lauschen und dir berichten."

Dann begann die Nacht, die Landschaft und die beiden Wanderer mit einem immer dunkler werdenden Schleier zu bedecken.

In dieser zunehmenden Dunkelheit wandte sich Verliebtheit an Liebe:

„Wie sollen wir weitergehen? Ich kann kaum noch sehen."

„Aber ich. Du hörst doch meine Schritte, du brauchst mir nur zu folgen."

Mit dieser beruhigenden Antwort begleitete Verliebtheit Liebe und ging gelassen ihren Gedanken nach. Sie ließ den Tag mit Liebe vom ersten Augenblick an, als sie noch ihren schweren Rucksack getragen hatte, bis zu dem Moment, in dem ihr leerer und bedeutungslos gewordener Rucksack verschwand, vor ihren Augen Revue passieren. Am Ende ihrer Gedanken blieb nur noch eine, eine umfassende Frage übrig: ‚Was ist nun mit den Menschen und der Liebe?' Die Antwort auf diese Frage, das wusste sie, würde ohne Liebe lange auf sich warten lassen. Also sprach sie Liebe darauf an:

„Du hast erlebt, wie ich heute früh war. Aber ich bin dir begegnet und du hast mich mit deiner Weisheit, mit deiner unendlichen Geduld und mit der Liebe, die du bist, begleitet. Du hast mir die Sicht auf das Wesentliche, die

Weisheit für das Richtige und den Mut für das Wagnis des Loslassens geschenkt. Dir verdanke ich den Abschied von meinem Rucksack und damit von jeglicher Last und jeglichem Bedürfnis. Ich spüre, wie die Dimension meines Ichs den Umfang des Seins berührt und wie meine Grenzenlosigkeit ein Abbild deines Horizontes wird, das Liebe-Werden.

Nun frage ich mich aber: Was sollen Menschen machen, die dir nicht begegnet sind, Menschen mit ihrem Rucksack, die darin Sinn und Zweck ihres Lebens sehen? Was soll ein sterblicher, aus dem Paradies vertriebener Mensch machen? Der Mensch aus Fleisch und Blut kann nicht einmal seinen Rucksack loswerden, geschweige denn sein fleischliches Ich überwinden. Die Menschen sind unendlich weit von dir entfernt. Für den Alltagsmenschen bist du nicht erreichbar. Was soll solch ein Mensch machen?"

Während Liebe den Gedanken und Äußerungen von Verliebtheit aufmerksam folgte, legte sie sanft, fast unmerklich, ihren Arm um die Schultern von Verliebtheit.

„Wenn du mich fragst, wie der sterbliche Mensch mich erreichen kann, sage ich dir: Er muss es nicht. Wenn du mich fragst, wie ein Mensch Liebe werden kann, sage ich dir: Er muss es nicht."

„Was dann? Was dann? Was soll er dann machen?"

„Das, was die Wüstengänger und Seefahrer seit eh und je machen."

„Und was machen sie?"

„Schau, jahrtausendelang haben Wüstengänger und Seefahrer den Polarstern gesucht. Doch keiner hatte jemals die Möglichkeit oder auch nur die Absicht, ihn je zu erreichen. Indem sie sich jedoch am Polarstern orientierten, haben sie ihren Weg in der weiten Wüste und in der Unendlichkeit des Ozeans gefunden. Sie konnten den Polarstern zwar nicht erreichen, trotzdem hat der Polarstern sie gerettet. Genauso stehe ich, die Liebe, den Menschen als Polarstern zur Verfügung. Sie müssen mich nicht erreichen, aber indem sie sich an mir orientieren, können sie in der staubigen Wüste ihres Alltags und auf dem unruhigen Ozean ihrer Bedürfnisse ihren Weg finden. Sie müssen mich nicht erreichen, sie werden gerettet sein, indem sie sich nach mir richten."

Mit einer Stimme voll zauberhafter Wärme, während sie gen Himmel schaute, floss aus Verliebtheit heraus:

„Ich liebe den Himmel schon jetzt, weil ich dich dort als Polarstern immer wiederfinden werde."

In der zunehmenden Dunkelheit verschmolzen die Silhouetten von Liebe und Verliebtheit ineinander und es war immer weniger zu erkennen, ob diese Silhouette ein oder zwei Wesen umfasste. Und dann verschwand auch diese verschwommene Silhouette in der Dunkelheit der Nacht.

Vom gleichen Autor sind folgende Bücher erschienen:

Gesichter einer Liebe

Bis wir das begreifen, was wir schon immer wussten

Wer soll siegen? Kopf oder Herz …

Ein Schritt zur Seite …

www.charifi.de